1 Kasım 1977
09:56
Pasadena
California

# CHIRON

## SONSUZ İYİLİK

AHURA SEVGİ ALİS YILDIRIM

New York City Books

**CHIRON SONSUZ İYİLİK**
Yıldırım, Sevgi Alis
© 2020, New York City Books

Bu kitabın her türlü basım ve yayım hakkı, anlaşmalı olarak New York City Books'a aittir.
Kaynak gösterilip alıntı yapılabilir.
İzinsiz hiçbir yolla çoğaltılamaz.

Kapak Tasarım Alper Tornacı

Yazar İletişim Bilgileri: sevgialisyildirim@gmail.com
AARAD Derneği: www.aaraddernegi.com

New York City Books
ISBN 978-1-0878-6830-1
1. Baskı
Şubat 2020

*İyiliğe ve iyiliği yaşamında ilke edinenlere...*

# CHIRON

## SONSUZ İYİLİK

### AHURA SEVGİ ALİS YILDIRIM

# İÇİNDEKİLER

Ön Söz ...*sf.* 9

Giriş: Chiron Kimdir? ...*sf.* 17

1. Bölüm: Chiron Sonsuz İyilik ...*sf.* 28

2. Bölüm: Egzersizler ...*sf.* 51

Son Söz ...*sf.* 123

Teşekkürler ...*sf.* 126

Yazar Hakkında ...*sf.* 127

# ÖN SÖZ

Değerli dostlar merhaba,

ben AHURA Sevgi Alis YILDIRIM.

Chiron Sonsuz İyilik kitabımı, Chiron'un tıbbı Asklepeios'a insiye ettiği şehir olan İzmir'den yazıyorum. Ben ve altı arkadaşım kısa adı AARAD olan, 25 Haziran 2019'da, saat 15:20'de, İzmir, Türkiye'de kuruluş kaydı yapılan, AENBI Astroloji ve Reenkarnasyon Araştırmaları Derneğini kurduk. Derneğimiz uluslararası faaliyetler yürüten bir sivil toplum kuruluşudur. Amacımız tüm dünyadaki astroloji ve reenkarnasyon alanlarındaki bilgileri arşivlemek, kitaplaştırmak ve gelecek nesiller için bu alanlardaki bilgileri, sağlıklı ve kolayca ulaşılabilir hale getirmektir. Bu alanlarda uluslararası seminerler ve konferanslar düzenlemek ve bunları da kitaplaştırmak amaçlarımızdandır. Derneğimiz her yıl insanlığa büyük katkılar sunmuş bir kişiyi, mitolojik bir kahramanı (yani belirli bir bilinci temsil eden bir sembolü), şairi, sanatçıyı, filozofu, gezegeni, astroloğu vb. o yılın kişisi ilan edecektir. Kuruluş yılımızda, 12 Ekim 2019'da İzmir'deki açılış partimizde derneğimiz AARAD, tüm dünyada 2020 yılını CHIRON YILI ilan ettiğini açıklamıştır. 2020 yılı Chiron kişisinin ise, Hermetik Astrolog Aleksandar Imsiragic olduğu derneğimizce ilan edilmiştir. 1 Ocak 2020 yılından itibaren 365 gün boyunca her gün Chiron için bir somut değer üreteceğiz. 1 Ocak 2021 yılından itibaren de Chiron Yıllığını yayıma hazırlamaya başlayacağız. Sizleri de 1 Ocak 2020'den 1 Ocak 2021'e kadar bizimle Chiron çalışmalarımız kapsamında iş birliği içinde olmaya davet ediyorum. İşte elinizde bulunan bu değerli eser, tam da bu vizyonun sonucudur.

Astrolojide Chiron ile ilgili bilgilerimiz henüz sınırlıdır. Çünkü Chiron sadece 42 yıldır astrolojimize geri dönmüştür. Daha onlarca, yüzlerce yıl onunla birlikte daha çok şey öğrenmeye devam edeceğiz. Şifacımızın aramıza niçin geri döndüğünün cevabını vermeye çalışan bu kitap, bu sebeple eşsiz değere sahiptir. İçten içe biliyorum ki, bir anlamda bu kitabı ben yazmadım. O beni buldu ve bilgiler kitaba dönüşmek istedi. Bana kalırsa tüm olan buydu. En masalsı söylemiyle, ben bu bilgilerin dünyamıza kitap görünümüyle reenkarne olmasını sağlayan ebeveyniyim. Gözlemlediğim kadarıyla bu bilgilerin beni seçmesinin en büyük işareti ise; Chiron'un Akrep burcunun 9. derecesinde olan Güneş'inin, benim Akrep burcunun 9. derecesinde olan ASC'm ile tam derecede kavuşmalarıdır. Yani Chiron'un Güneş'i, benim tüm Zodyak'ımı aydınlatıyor. Bu gerçekten benim için onur verici bir durumdur. Umarım bilgileri en doğru şekilde aktarmayı başarabilmişimdir.

Kitabımı öncelikle astrologlar için yazdığımı bilmenizi isterim. Uzman astrologların yanı sıra astroloji bilen, mitoloji çalışan ve konu ile ilgilenen her dost kişi için yazdığımı belirtmeliyim. Kitaptaki bazı kavramları alegori yapmak için kullandım. Bazı kavramlar mitoloji ve simya dilindendir. Örneğin; Tanrı, Tanrılar kavramını kullanıyorum ve bu kavram ilahi dinlerdeki 'yaradan' anlamına gelmemektedir. Tanrı kavramını burada çok daha farklı bir anlamda kullanmaktayım. Özellikle konuya henüz yabancı olan sevgili okurlar, kitabımı okumaya başladıklarında, kitabın dilini ilginç ve farklı bulabilirler. Evet, bu doğru; kitabın oldukça ilginç ve kendine özgü bir dili var. Çünkü Astroloji hakkında yazıyorsanız, zaten mitolojinin dilinden, simyanın dilinden ve masalsı anlatımdan uzaklaşamazsınız. Bizim mesleğimizin de işte kendine özgü böyle romantik bir anlatım dili ve üslubu vardır. Ayrıca kitapta yer alan 9 egzersizi elimden geldiğince sade ve anlaşılır şekilde yazmaya gayret ettim. Çünkü sizlerin de natal chartlarda Sonsuz İyiliği kolayca bulabilmenizi istiyorum. Aslında Sonsuz İyiliği natal chartta bulmanın ne kadar kolay olduğunu uygulayınca göreceksiniz. Sizler evler, burçlar, gezegenlerin ve ışıkların anlamlarını bildiğiniz için yapılacak iyiliğin sayısını yorumlarınızla arttırabilirsiniz. Burada amacım sadece sizlere teknikerlik öğretmektir.

Belirtmek istiyorum ki sevgili Chiron, 1 Kasım 1977 yılında kendini Pasadena, California'da insanlığa göstermiştir. Ve şimdi de tam 42 yaşındayken, Büyük İskender'e Claros Kahinlerinin kurdurttuğu şehirden, Chiron'un tıbbı ilk olarak Asklepeios'a insiye ettiği coğrafyadan yani İzmir'den (Bergama / Pergamon ilçesi) sesleniyor. İşte bu yüzden İzmir Chiron'un şehridir. Chiron Sonsuz İyiliğin başkenti İzmir'dir. Bu sese, şifaya ihtiyacı olanlar kulak veriyor, biliyorum.

Dünyanın neresinden olursanız olun, bu satırları okuyorsanız demek ki biz, aynı yolun yolcularıyız, bir şekilde birbirimizi tanıyoruz ve biz, bağlantıdayız. Bize aaraddernegi@gmail.com adresimizden de kolayca ulaşabilirsiniz. Chiron Sonsuz İyilik kitabımız ile ilgili seminerler sunmak, görüşmeler yapmak, imza günleri düzenleyerek söyleşiler yapmak için beni yaşadığınız ülke ve şehirlere de davet edebilirsiniz. Sizlerle tanışmak için sabırsızlanıyorum.

Chiron Sonsuz İyilik, her yerde acıları sarsın. Barış dolu, sevgi dolu, huzur dolu bir zamanın enerjisini birlikte yükseltmemiz dileklerimle...

Chiron Sonsuz İyilik kitabımı tüm dünyadaki acı çekmiş ve acı çeken insanların acısının, karşılıksız iyilik ve dostluk dayanışması içinde huzura dönüşmesine adıyorum.

Kitabımı 2020 CHIRON YILI şerefine, kıymetlimiz Sonsuz İyilik rehberimiz Chiron'a adıyorum. Görüşmek üzere. Sevgiyle kalın.

**AARAD Kurucu Başkanı**
**Sosyolog AHURA Sevgi Alis YILDIRIM**

1 Kasım 2019, 17:47, İzmir, Türkiye / Bugün Chiron'un Güneş Dönüşü, insanlığa kutlu olsun.

*"Astroloji bir dildir.
Bu dili anlarsanız, gökyüzü sizinle konuşur."*

**Dane Rudhyar**

*GİRİŞ*

# Chiron Kimdir?

### Chiron'un Anlamı

Chiron, kelime anlamı olarak 'becerikli eller' manasına gelmektedir. Chiron hakkındaki bilgileri mitolojiyi anlatan kitaplardan okuruz. Bu kitaplarda Chiron hakkında birbirinden ilginç ve farklı bilgiler okuyabileceğimiz gibi, hepsinin tekrar ettiği, üzerinde hem fikir olduğu bilgiler de vardır. Özellikle anne ve babasının kim olduğu, O'nu kimlerin evlat edindiği, yaralı şifacılığı, Achilles, Asclepius ve Heracles'in öğretmeni olduğu, ölümsüzlüğünü insanın yaratıcısı olarak kabul edilen Prometheus'a armağan etmesi gibi bilgiler, Chiron hakkında günümüze kadar ulaşan bilgilerdir.

Chiron'un gerçekte Antik Yunan dönemine ait bir karakter olmadığını düşünen araştırmacılar da vardır. Bazı araştırmacılar Yunanlılar'ın henüz Pelion dağını (Mount Pelion) fethetmeden çok önce Chiron'un bu dağda yaşadığını belirtirler.
Bazı araştırmacılar da Chiron'un, Yunanlılar'ın Thessaly'ı fethettikten sonra ortaya çıkmış Tesalyalı (Thessaly) bir tanrı olduğunu düşünürler. Araştırmacıların bu ilginç ön kabulleri bana, Chiron'un 'gerçekte kim olduğu' sorusunun cevabını, Antik Yunan döneminden önceki dönemlerde, mesela Mezopotamya'da, Anadolu'da aramamız gerektiğinin ilhamını veriyor. Tabi bu başka bir kitabın konusu olabilir.

### Peki kimdir Chiron?

Chiron, zamanın sırrını bilen ve sırf bu yüzden zamanın tanrısı olarak bilinen 2. kuşak titanların lideri Satürn'ün ve su perisi Phylria'nın oğludur. Satürn aslında Rea ile evlidir. Su perisi Phylria ile aşk yaşayabilmek için kendini ve sevgilisini ata dönüştürür. Bu sayede kim olduklarını gizleyerek aşklarını yaşarlar. Böylece zamanın sırrı

(Satürn; toprak, tohum) ve su perisi (dünyalı Phylria; rahim) birleşerek Chiron'u doğururlar. Chiron'un özü, zamanın ve suyun sırrından oluşmaktadır. Zamanın temsilcisi Satürn; toprak ve taşları, özellikle de elması anlatır. Su Perisi Phylria ise; dünya anamızın rahmini temsil eder. Yani zaman (toprak, taşlar), rahme girmiş, suya tohumunu atmış, döllenmiş ve bu sayede Chiron doğmuştur.

Chiron doğduğunda annesi ve babası bebeğin bedeninin üst kısmının insan, alt kısmının at olduğunu görünce bundan utanç duyarlar. Bu utanç duygusundan kurtulamazlar. Sonunda annesi Phylria Chiron'u, ormanın derinliklerinde bulunan bir mağaranın önüne bırakarak oradan uzaklaşır. Chiron, annesinin ve babasının kendisinden utandığı ve sırf bu yüzden ölümün kapısının önüne terk edilmiş olan bir tanrıdır artık. Böylece anne ve babası O'nu yok sayar, Chiron yokmuş gibi yaşamaya devam ederler. Annesi Phylria bu görünüme sahip bir çocuk doğurduğu için kendinden o kadar çok utanır ki, bu utancını unutturmaları için tanrılara yalvarır. Phylria utancından kurtulmak için tanrılardan görüntüsünü değiştirmelerini ister. Tanrılar O'nun bu isteğini kabul ederler ve Phylria'yı bir ıhlamur ağacına (Linden tree) dönüştürürler. Chiron'un annesi dünyada artık bir ıhlamur ağacı olarak yaşamaya devam eder. Yani bir zamanlar su perisi olan Phylria, utancı ile dönüşerek karaya yerleşir, bir ağaç olup, toprakta kök salar. Kimbilir belki de Phylria o günden sonra orman ya da dağ perisi olmuştur. Annesi bunları yaşarken Chiron'un başına neler geldi dersiniz?

Bir süre kendi başına ormanda hayvanlarla, bitkilerle, suyla, toprakla, taşlarla baş başa kalan Chiron'a önce dünya anne sonra da onu bulan Apollo sahip çıkar. Annesi tarafından mağaranın önüne yani ölümün kapısına bırakılan Chiron'a önce hayvanlar, bitkiler, toprak yani dünya anne sahip çıkmıştır. Ve tabi ardından da güneş. Ölüler diyarı alsın diye mağaranın ağzına bırakılan Chiron'u, ölüler diyarı almamış, onun yerine yeryüzü yaşamının tanrısı güneş, Chiron'u evlat edinmiştir. Bu çok anlamlı bir deneyimdir. Ve böylece müziğin tanrısı olan Apollo (güneş), Chiron'un koruyucu babası, Apollo'nun kızkardeşi Artemis (ay) de Chiron'un koruyucu annesi olmuşlardır. Böylece zaman ve suyun (toprak ve su) birleşiminden doğan Chiron'u güneş ve ay evlat edinmiş olurlar. Bilirsiniz güneş astrolojide babanın, ay ise annenin sembolüdür. Nihayet Chiron'un bir annesi ve bir de babası olur.

Güneş aynı zamanda ateş ve ışıktır. Ay ise; gecelerin ateşi ve ışığıdır. Artemis yeryüzüne inen güneşin yani ateşin meşalesini taşıyan tanrıçadır. Ve meşale ateşi hava olmadan yeryüzünde yanamaz. Artemis bildiğiniz gibi meşaledeki ateşi yeryüzünde taşımakla görevli olan bakire avcıdır.

Gördüğünüz gibi Chiron'un ebeveynleri toprak, su, ateş ve hava elementleri ile ilişkili bilgilere göndermeler yapılan kimliklere sahip olan tanrı ve tanrıçalardır. İki annesi ve iki babası vardır. Şifacıların tanrısı Chiron'u, yeryüzüne insiye etmek için dört element iş birliği yapmıştır. Bu sebeple dört elementin de sırrı ondadır. Chiron'un ebeveynleri; ateş, hava, toprak ve sudur. Dört elementin de bilgeliğine sahiptir. Chiron'u bilinen her şeyin şifacısı yapan da tam olarak bu durum olabilir mi?

Chiron, avcılık, okçuluk, müzik, şifacılık, matematik, astroloji, kehanet ve yaşama dair ne varsa her şeyi öğrenmiştir. Gökler ve dünya ana tüm bilgilerini O'na büyük bir cömertlikle açmıştır. Bu sayede zamanla bilgeliği fark edilir. Chiron, anne ve babasının evlenmelerine yardımcı olarak, doğmasına sebep olduğu Achilles başta olmak üzere, birçok filozofun öğretmeni olmuştur. Ayrıca tanrılar ve toplumda önemli işler yapan birçok ailenin çocuklarına da öğretmenlik yapmıştır. Tüm bildiklerini tanrıların ve insanların çocuklarına öğretmiştir.

Bir su perisinin oğlu olarak doğan Chiron nihayetinde, bir dağ perisi ile evlenir. Hem de doğduğu Pelion dağının koruyucu perisi ile. Chiron'un evlendiği perinin adı Chariclo'dur. Dağ (orman) perisi Chariclo; Cychreus ve Stilbe'nin kızıdır. Chiron ve Chariclo evlendikten sonra Hippe, Ocyrhoe, Endeis ve Carystus adlarında 4 çocuk doğururlar. Böylece üç kızı ve de bir oğulları olur.

Chiron yukarıda bir kısmını belirttiğim yeteneklerinin içerisinden en çok da şifacılığı ile ünlenir. Özellikle yaşadığı Paleon dağının ormanlarında yetişen bitkileri çok iyi tanır. Bitkileri kullanarak özel ilaçlar üretmekte ve iyileşmesi güç hastalıkları tedavi edebilmektedir. Özellikle bitkilerden hazırladığı ilaçlarla, iyileşmesi güç yaraları iyileştirdiğini biliyoruz. Chiron; kibar, merhametli, nazik, anlayışlı, sabırlı bir bilge centaur kimliği ile tanınır. Kavgacı olmayan ve kavgaya yol açmayan bir savaş sanatları öğretmenidir. Tamamen savunma amaçlı olarak ok atmayı ve diğer savaş taktiklerini öğretir. Chiron insandaki sağduyuyu temsil eder.

Bir gün öğrencisi ve arkadaşı Heracles ile birlikte iken zehirli bir ok bedenine saplanır. Açılan derin yara uzun zaman geçmesine rağmen bir türlü iyileşmez. Bitkilerden hazırlanan hiçbir ilaç bu yarasını tedavi edemez. Bazılarına göre; Chiron, Heracles ile dolaşırken başka centaourlar Heracles'e saldırmaya başlarlar, bu arada Heracles'e atılan zehirli ok Chiron'a saplanır. Bir başka anlatıma göre ise; Heracles Chiron'a özel oklar göstermektedir. Oklar hakkında konuşurlarken inceledikleri zehirli bir ok yanlışlıkla Chiron'un bedenine saplanır ve hiçbir bitkinin iyileştiremediği derin yara böylece açılır.

İşte bu kapanmayan yara Chiron'un 'Yaralı Şifacı' adını almasına sebep olmuştur.

Zaman geçer, yara giderek daha da derinleşir ve Chiron dayanılmaz acılara mahkûm olur. Bu derinleşerek büyüyen kapanmaz yara, şifacılığın tanrısı olan Chiron'u her geçen gün dünyadaki görevinden biraz daha uzaklaştırır. Büyük bir utanç kaynağı olarak dünyaya terk edilen Chiron, dayanılmaz bir acı ile dünyadan ayrılmaya hazırlanmaktadır. Ve dünyadaki misyonunun şimdilik tamamlandığını anlayan Chiron dünyadaki yaşamını nihayetlerken, insan soyuna çok kıymetli bir armağan sunarak gitmeye karar verir. Chiron, Titan kuşağından Atlas'ın erkek kardeşi, Asia'nın da oğlu olan Prometheus'a ölümsüzlüğünü armağan eder. Chiron'un bu davranışı kardeşi Zeus'u çok etkiler. Ve Chiron'u gökyüzünde atalarının yani Titan kuşağının liderleri olan baba ve oğulun (yani Uranüs ve Satürn'ün) tam ortasına yerleştirir. Böylece baba-oğul-kutsal ruh ait olduğu yerde yaşamaya devam ederler. Uranüs-Satürn-Chiron...

Tanrı Chiron aynı zamanda bir kahindir. Geleceği görmüş ve insan soyunun dünyada zamanı geldiğinde hüküm süreceğini anlamış olmalı ki insanları yaratan (bana göre meydana getiren) Prometheus'a ölümsüzlüğünü vererek, insanın ilahi ateşten, ilahi ışıktan nasibini alıp, şimdiki haline dönüştürülmesine vesile olmuştur. Chiron kendi tanrısal gücünü Prometheus aracılığı ile insanlığa miras olarak bırakmasaydı, Prometheus insan soyunu yani ruhu olan hayvanı bu haline dönüştüremeyecekti.

İnsanın bedeni dünyaya aittir ve hayvani yanıdır. İnsanın ruhu yani ölümsüz yanı ise göklerden yani tanrılardandır. İşte insana ruhunu armağan eden tanrı Chiron'un ta kendisidir. Bu sebeple Chiron, insan soyu için eşsiz derecede kıymetli ve de değerlidir. İnsan, içindeki Chiron'u anlayamadan, ruhunun kaynağını ve ruhsal durumlarını tam olarak fark edemeyecektir. Chiron'u yeryüzünde takip etmek, insan ruhunun durumunu, Chiron'u gökyüzünde takip etmek kozmik ruhun durumunu anlamamıza yardımcı olacaktır. İçinizdeki Chiron'a iyi bakın. Ruhunuz bizzat onun ölümsüzlüğünün ta kendisidir. İşte bu kitabım, ruhunuzun ölümsüzlüğünü borçlu olduğunuz şifacıların tanrısı Chiron ile sizleri yeniden buluşturmam için yazdığım kitabımdır. Büyük üstadımız Chiron 1 Kasım 1977'de aramıza yeniden döndü ve yeni bir çağa doğru ruhumuzun tekamülünde bize yardımcı olmaya geldi. Kitabımı bu bilgileri aklınızda tutarak okumanızı tavsiye ederim. Bırakın Chiron sizinle konuşsun. O kime ne diyeceğini, hangi formlarda görüneceğini bilir. Yeter ki kendinize izin verin. Ruhunuzla yüzleşmeye hazır olun. Ve tercihinizi yapın; bu dünyada yaşarken kurban mısınız yoksa şifacı mı?

Chiron sizinle buna göre konuşacaktır.

*"Astroloji
tanrıların iradesini açığa çıkarır."*

**Juvenal**

*BİRİNCİ BÖLÜM*

## Chiron
## Sonsuz İyilik

Chiron, yasak bir aşkın meyvesidir. O, Satürn'ün ve Philyra'nın aşkının döllenmiş halidir. Zamanın sırrına sahip Satürn, Rhea ile evlidir ve su perisi Philyra'ya aşıktır. Çünkü toprak, daima suya hasrettir. Su da daima toprağı arar. Çünkü suyun ve toprağın, kendi krizini aşmak için dönüşmeye / dönüştürmeye çabalamaktan başka şansı yoktur. Toprak suya kendini açar, su da toprağa akar. Bu varolan, varlığını bildiğimiz her şeyin meydana gelişinin değişmez döngüsüdür. Nitekim sevgili Chiron'umuz tam da böyle bir zorunluluğun sonucudur.

Satürn ve Philyra birbirine kavuşmak ve aşklarını özgürce yaşayabilmek için kılık değiştirmek zorunda kalırlar. Satürn yeryüzünde bir at kılığına girerek, Philyra'yı aşk yaşamaya ikna eder. Çünkü Satürn, oğlu 3. kuşak Titan olan Jüpiter tarafından yakalanmak istemez. Tıpkı başımıza kötü bir şey gelmesin diye mavi rengini giysimizde, takılarımızda, eşyalarımızda, logomuzda vb. kullandığımız gibi. Çoğumuz biliriz ki, birçok kültürde atalarımız şeytanın renginin mavi olduğuna inanırlarmış. Bir iş yaparken her şey yolunda gitsin diye mavi rengi kullanışımızın sebebi bundandır derler. İşte yeryüzüne inen Satürn de oğlu Jüpiter'in yatay zamandaki görünümlerinden birinin atlar olduğunu bildiği için, kendini ve dünyalı sevgilisini at kılığına bürünmeye ikna eder. Bu sayede Jüpiter'e yakalanmamış olurlar ve Jüpiter onlara zarar veremez.

Böylece dünyadan ve kozmostan (yerden ve gökten) olan bu iki sevgili kendilerini ata dönüştürerek aşklarını gizlice yaşarlar. Uranüs'ün (göklerin) dölü Satürn, Satürn kalarak, Neptün'ün dölü Philyra, Philyra (su perisi) kalarak birbirleri ile bütünleşemezler. Onlar birbirlerine yaklaşmak ve tamamlanmak için, aşkı yaşayarak doğumu teşvik etmek için, soyun devamı için, kendilerindeki zorunlu dönüşümü (ata dönüşmeyi yani Jüpiter kılığına girmeyi) kabul etmek zorundadırlar. İkisi de artık at kılığında Jüpiter'e dönüşmüş aşıklardır. Böylece yeni döneme (Jüpiter'in Tanrı olduğu döneme) ayak uydurmuş gibi görünüp birlikteliklerini sürdürmeyi başarma fırsatı yakalarlar. Onlar için aşk, bu şartlar altında mümkün hale gelmektedir. Ve bu aşkın sonucunda bizim sevgili Chiron'umuz doğar. Chiron, yeryüzünde Jüpiter kılığında gezinen Satürn'ün oğludur. Bu yüzden natal chartlarda ne zaman Yay burcunda Satürn'ü görürseniz dönüp ona bir kez daha bakmanızı tavsiye ederim. Jüpiter'in yönetimindeki Satürn çok farklı bir Satürn olabilir.

Okuduğunuz üzere Chiron yeryüzüne insiye edilirken Jüpiter kanalı kullanılmıştır. Bu yüzden Chiron 9 enerjisi ile ilişkilendirilir. Chiron'a her baktığınızda Zodyak'taki 9. evi, 9. burcu ve 9. evin yöneticisini hatırlayın. 9 rakamı Pythagoras' ta (ki muhtemelen O'na bunu Zerdüşt Peygamber öğretti) Tanrısal olandır. Bilirsiniz Astrolojide 9. Ev mitolojik anlamıyla Tanrı' nın evidir. Chiron, 9 enerjisinin kanalından dünyaya insiye olmuştur. O, Tanrı'dan gelendir. O, ilahi ışıktır. Chiron, yeryüzüne insiye olurken, dünyanın gerçekliğine yani 'acıya' insiye olmuştur. Benim de kabulümdür ki; dünyaya insiye olan yani dünyaya doğan her varlık acıya insiye oluyordur. Chiron'u yeryüzüne insiye eden süreç; aşk, tutku ve şehvetin aracılığında var olan bir süreçtir. Dünyaya yani acıya doğan bir canlıyı, acıya insiye eden kanal, aşk, tutku ve şehvet ile aktive olan bir enerji kanalıdır.

## Chiron'un Ailesi

Chiron'a daha yakından bakarsak, babası dikey zamandan Satürn, annesi yatay zamandan Philyra; Chiron anne soyundan dünyalı, hayvan; baba soyundan Tanrı'dır. Chiron, ilahi olan ile dünyevi olanın birleştiği noktadan doğar. Chiron, dikey zaman ile yatay zamanın birleştiği ve iç içe geçtiği noktadan doğar. Bu kısmı çok iyi düşünmeli, araştırmalı, tartışmalı ve de yazmalıyız. Bu konu Chiron'u çok daha yakından tanımamıza yol açacaktır. İlerleyen yıllarda bu konuda kitaplarımla sizlere anlatacak çok şeyim olduğunu şimdiden belirtmek isterim.

Yatay zamanda insan, acı ile devinir. Acı dünyada kendiliğindendir. Acı, kendisiyle birlikte karanlığını da üretmekten geri duramaz. Acı, dualite alanının gerçeğidir. Acının gölgesi, insanın planlı kötülük eylemidir. Acının gölgesi bilerek, planlayarak canlılara kısacası, dünya annemize zarar vermektir. Yapay acı ile gerçek acıyı birbirine karıştırmayalım. Doğum yapan bir annenin acısı ile, planlı olarak canlıya zarar veren birinin sebep olduğu kasti acı farklıdır.

Chiron'un tüm hikayesine şöyle bir bakarsanız dünyaya niçin insiye olduğunu kavramak kolaylaşır. Çünkü insan düşünmeden edemiyor. Chiron'un dünyamızda ne işi var? Gerçekten Chiron buraya mı ait?

Chiron'un tüm yaşamı; acının içinden geçerek, doğanın dilini konuşmayı öğrenmek zorunda kalarak ve canlılardaki bilgeliğin, birbirlerine aktarımını sağlamak üzerine kurulmuştur. Chiron, bitki, hayvan, insan, taş arasındaki diyaloğu kurmayı başaran en büyük arabulucudur. Dünyayı oluşturan tüm parçalar arasındaki diyaloğu kurabilen, bilinen en bilge bütünleştirici ve de bir araya getirici güçtür. O'na yakından bakarsanız tüm yapıp etmelerinin altında, bu dünyayı meydana getiren parçalar arasında diyalog kurup, birbirlerinin dostu olmayı başarmalarını teşvik etmek vardır. Böylece dünya kendi reenkarnasyonunda sağlıklı bir şekilde ilerleyebilir. Böylece zamanı geldiği için dünya, bir acı mabedi olmak aşamasından çıkıp daha fazla huzur veren bir yaşam alanına dönüşebilir. Chiron'un temsil ettiği değerler ile dünya annemizin işleyişi ve daha da sağlıklı bir şekilde reenkarne olabilmesi Chiron yardımlaşma bilincinin anlaşılmasına ve uygulanmasına da bağlıdır.

### Tıbba İnsiye Olması

Hayvanlar Chiron'a kendi sırlarını vermiştir. Bitkiler Chiron'la konuşup, yaralı ve hasta olan her canlının nasıl iyileşebileceğini ona öğretmişlerdir. Böylece Chiron, tıbba insiye olan ilk varlık olmuştur. Daha doğrusu dünya anamızın evlatları olan taşlar, bitkiler ve hayvanlar Chiron'u tıbba insiye etmişlerdir. O sebeple tarihte bilinen ilk şifacı, ilk doktor, bizim sevgili yaralı şifacımız Chiron'dur. O, dünyadaki canlıların el ele vererek, birbirleri ile yardımlaşarak, barış ve paylaşım içerisinde, acılarımızı huzura dönüştürebileceğimizi bize öğretir. Bize vermeye çalıştığı belki de en büyük ders budur. Chiron'un bizlere mesajı 'yardım-laşın, yardımlaşın ki acınız huzura dönüşsün' olarak algılanırsa, O'nu anlamaya yaklaşmış oluruz. Chiron'un acıların enerjisini dindirmeyi ve onu huzura dönüştürmeyi hedefleyen varlığını çok iyi anlamamız gerekiyor.

Chiron, tıbbı ilerletmiş ve insanlara öğretmiştir. Daha önce dediğim gibi taşlar, hayvanlar, bitkiler Chiron'u tıbba insiye etmişler, Chiron da insanları tıbba insiye etmiştir. Chiron'un tıp bilgilerine ilk insiye ettiği insan Pergamonlu (günümüzde Bergama) Asklepeios'dur. Asklepeios ise sonradan kızı Hygiea'yı tıp bilgilerine insiye etmiştir.

(Şu an bu satırları 8 Ekim 2019 Salı günü, sabah saat 10:46'da Bergama'ya yani Chiron' un tıbbı Asklepeios'a insiye ettiği yere gidiyorken yazıyorum).

Sahi biz Chiron'un doğum hikayesinde nerede kalmıştık? Hatırladım. Annesi Philyra'nın Chiron'u doğurduğu anda oğlunu görür görmez yaşadığı utanç ve tiksinme duygusunda. Philyra doğurduğu çocuktan utanır ve onu bir mağaranın yakınında terk eder. Oğlunun yarısı at yarısı insan halini görünce böyle bir canlıyı doğurduğu için Philyra kendinden utanır. Onu beğenmez. Oysa bir annenin en mükemmel parçası, doğurduğu çocuğudur ve o mükemmel parça, böyle bir 'ucube' olamaz. Nihayetinde Satürn ve Philyra, Chiron'u ormanda, bir mağaranın önüne bırakarak terk ederler. Oğullarını reddederler, görmezden gelirler. Dışlarlar. Ötekileştirirler. Meşruiyet kazandırmazlar. O aynı zamanda acılara terk edilmiş bir 'piçtir' artık. Bütün orman Chiron'a ebeveynlik yapar. Chiron önce içine doğduğu dünyaya uyum sağlamakta güçlük çeker ve acının kendisine dönüşmeyi deneyimler. Sonra da seçimini yaparak taşları, bitkileri, hayvanları ailesi olarak görmeyi öğrenir. Ve bu yolla bilgeleştikten sonra insanlar, onun bu eşsiz bilgeliğinden faydalanmak için aralarına kabul ederler. Hatta onu filozof, öğretmen, doktor sıfatıyla kabul ederler. Chiron artık insanlar için bilinen en büyük şifacıdır. İnsanlara her türlü bilgiyi öğretir, bilgiyi sevdirir.

**Değişme, Yüzleşme ve Dönüşme**
İnsanlarda içine doğdukları reenkarnasyon döngüsünde, sürekli devinerek, krizlerle, değişme dönüşme hali vardır. İşte Chiron ne yaparsak yapalım davranışlarımızın sorumluluğunu ne oranda taşıyıp taşıyamadığımızı öğrenmemiz ile ilgilidir. Chiron, çok büyük ve cesur kararlar aldıktan hemen sonra veya eylemlerimizin sonucunda kendimizden utandığımız anlarda bizim, dürüst olmayan, korkak ve iki yüzlü halimizle bizi yüzleştirmeye çalışır. Çünkü Chiron, krizlerle dönüşmeye çalıştığımızda ortaya çıkan sonucun, bizi ilerletmesi için gerekli tüm zemini meydana getirendir.
Kader mi, seçim mi?
İnsanlar, natal chartlarına bakıyorlar ve Chiron hangi evde ve burçta ise, o konularda yaşam boyu ne yaparlarsa yapsınlar hep şanssız kalacaklarını düşünüyorlar. Bu her geçen yıl daha da yayılmaya başlayan bir önyargıdır. Bu şekilde düşünüyorsanız çok büyük bir yanılgı içerisinde olduğunuzu bilmenizi isterim. Chiron çalışırken önce bir seçim yapmanız gerekiyor. 'Ben, kurbanım' mı diyeceksin? Yoksa, o en yüce olandan gelen bu ışığa kulak verip, karşılıksız iyilikler yapmayı öğrenerek, acıyı huzura dönüştürebilirim' mi diyeceksin? Seçim bize aittir. Kurban olma bilincinde kalmayı seçersen, acının içinde kalırsın, tekamülünde ilerleyemezsin. Kurban bilincinden yardımlaşmanın meydana getireceği enerjiyi kullanarak çıkıp, içsel tamamlanma ve bütünleşme sürecini başlatırsan, huzura erersin. Bu da tekamülünde ilerlemeni sağlar. Herkes ve her şey için çok faydalı bir insan olursun. Mesela Philyra ve Satürn birer kurban olmayı seçtiler. Kendilerinin mükemmel parçasını kabullenemediler ve terk ettiler. O andan sonra Philyra'nın ve Satürn'ün önünde artık iki seçenek vardı. Ya bu şekilde Chiron'u yok sayarak yaşama-

ya devam edeceklerdi ve kendi reenkarnasyon döngülerinde bir şeyler sürekli ters gidecekti. Ya da kendi tekamüllerinde sağlıklı ilerlemek için Chiron'u olduğu gibi kabul edeceklerdi. Bu konu özellikle Philyra için önemliydi. Çünkü en nihayetinde Satürn dikey zamandan bir enerjidir. Satürn, dünyada yaşamıyor. Dünyalı olan Philyra'dır. Yani bu seçim hikayesi en çok Philyra'nın hikayesidir. Chiron, aslında bu anlamıyla ilk önce Philyra'nın sınavıdır. Philyra davranışlarının sorumluluğunu almayı öğrenmesi amacıyla, böyle bir mucizeyi doğurmak zorunda kalmış olabilir. Philyra'nın su perisi olarak sadakatin sınavına tabii tutulduğunu anlamak kolaydır. Bir diğer açıdan bakarsak, Philyra ve Satürn'ün sadakatsizlik ile ilgili sınavları sayesinde, kurban olma bilincinin aşılabilir bir şey olduğunu insanlığa öğreten Chiron'un doğmasına sebep olmuşlardır. Çünkü Chiron'un doğması demek, kurban bilincinin aşılmasının bilgisinin dünyaya insiye olması demektir. Chiron başlı başına bir yeniliktir. Yepyeni olandır. Çünkü gelenekler ve geleneğin koruyucusu demek olan Satürn'ün, bizzat kendisinin, gelenekleri çiğneyerek doğurduğu oğludur. Chiron'u dünyaya insiye eden babası, zamanın sırrını bilen zamanın efendisidir ve bu insiyasyonda Chiron'u dünyaya yani rahmine kabul eden de su perisidir. Zamanın efendisi, Chiron'u, kendi koruduğu kanunları çiğneyerek yeryüzünün rahmine indirmeyi başarmıştır. Ve bu ebeveynleşme sürecinde ne Satürn, Satürn kalabilmiştir ne de Philyra, Philyra kalabilmiştir. Satürn de Philyra da sadakat sembolü varlıklardır. Dikey zamanda sadakatin enerjisi Satürn, yatay zamanda sadakatin kendisi ise su (Philyra). Gördüğünüz gibi Chiron'u doğurmak daha önce olmamış olanı, yeniliği doğurmak demektir. Yani Satürn, Satürn kalarak, Philyra, Philyra kalarak ilerleyemezlerdi. Kendi değerlerini kendileri aşarak bunu başarabilirlerdi.

Gördüğünüz gibi yenilik getirmek demek, kendini boşa çıkartmak demektir.

### Kendini keşfetmek

Evet şimdi hikayemize dönelim. Mağaranın yakınına bırakılan Chiron kendi başına büyür. Geldiği yeri tanımaya, anlamaya çalışır. Hayatta kalmak için el yordamıyla ne öğrenmesi gerekiyorsa öğrenir. Bir ebeveyni olmadan büyür. İstenilen mi yoksa istenilmeyen mi olduğunun farkında bile değildir. O sadece yaşamaktadır. Chiron zamanla merak etmeye başlar. Kendisi kimdir ve niçin buradadır? Hem hayvan hem insan hem bu dünyaya ait hem de Tanrılardan biridir. Çünkü Chiron ölümsüzdür. Chiron yere mi aittir yoksa göğe mi? Müziği o kadar iyi öğrenir ki tek istediği niçin yaşama geldiğinin bilgisine ulaşmaktır. Madem müzik Tanrıdan gelendir, o zaman belki kendisi hakkında bir şeyler bulabilir.

Chiron 'becerikli, yetenekli eller' anlamına gelir. Bu dünyada hayatta kalmak için müthiş yetenekler geliştirmiştir. Ama bir yandan göklerden gelendir ve Tanrısal olanı anlamaya da çalışmıştır. Bu sebeple astroloji ve kehanet de bilmektedir.

### İlk Öğüt

Ve nihayet onun bize ilk öğüdünü anlarız; bize hayvani yanımızı iyi tanıyıp, dünyada yaşamayı en becerikli halimizle öğrenmemizi öğütler. Diğer yandan, Tanrısal varlıklar olduğumuzu ve Tanrılara ulaşabilmek için astroloji ve kehanet bilmemiz gerektiğini söyler. Yerin ve göğün bütünlüğünde yatan bilgeliği görmeyi, öğretmeye çalışır. Chiron tek başına bizi Tanrılara ulaştıran bir manevi merdiven gibidir. Bize Tanrıları işaret eder. Chiron bir tür ufuk çizgisi gibidir. Chiron yerin ve göğün birleştiği andan doğan sonuçtur. Zamanın yeniden doğumudur. Hem Tanrılar'dan özgürdür hem de Tanrı'dır. Bu çok yeni bir kavramdır. Tanrı olup Tanrı yasalarından muaf olmak ve Tanrı gibi yaşamamak. İnsan gibi, hayvan gibi yaşayan Tanrı, bu oldukça büyük bir yenilik. Biliyorsunuz, yeryüzünde doğan iki Tanrıdan biridir Chiron. İlki, Uranüs ile dünyanın kızı olan Venüs, diğeri ise Satürn ile dünyanın oğlu Chiron'dur. Baba ve oğul (Uranüs ve Satürn) bir kız (Venüs) ve bir erkek (Chiron) evladı dünya ile birlikteliklerinden doğurmuşlardır.

### Tekamülün Amacı

Tanrılara ulaşmak gibi bir amacınız varsa (ki tekamülün amacı başka nedir?), bunun yolu içinizdeki Chiron'u anlamaktan geçer. Genelde astrolojide onu yaralı tarafımız, ruhumuzun kanayan ve hiç kapanmayan yarası, en zayıf noktamız, kendi kendimize iyileştiremeyeceğimiz yaramız olarak tanımlarız. Oysa derinleşerek ve Chiron'un bu gölge yanına bizi düşüren, yönlendiren yüzeysel bakış açımızdan sıyrılmak zorundayız. Chiron ilk başta bir kurban gibi görünmüş olabilir; ama O, bilinçli ve planlı bir şekilde karşılıksız iyilik yapmaya başladıktan sonra, gölgesini kontrol edebilir güce erişmiştir. Chiron artık bir kurban değil, gelmiş geçmiş en huzurlu enerjidir. Chiron, acının sisteminde açılmış bir kara deliktir. Chiron, marjinal bir meydana geliştir. Chiron ruhlara, tekâmül yolculuklarında mitolojik anlamıyla Tanrılara ulaşmaları için neleri yapmaları gerektiğini anlatan rehberdir. Tanrılara giden yolu nasıl açacağımızı da öğretir. Chiron, büyük yol göstericidir. Chiron hayvani yanımız ile yaşamda tutunabilmek için kendimizi nasıl geliştireceğimizi ve dünyada nasıl yaşayacağımızı da öğretir. İnsanlara astrolojiyi, kehaneti, şifacılığı, hayatta kalabilmeye dair her türlü bilgiyi öğretir. İnsanlara müziği ve sanatı da öğretir ki bu sayede insanlar Tanrılara giden yolu öğrenebilirler.

Chiron bir Tanrı olarak Tanrıların ve çocuklarının öğretmenidir. Ne de olsa her şeyin başöğretmeni Satürn'ün oğludur. Chiron misyonunu dünyamız için artık tamamlamış ve son bir görevi kalmıştır. O da şifacılığı derli toplu bir şekilde tanımlamak. Dünyadaki türlü türlü otlardan her türlü hastalığa derman olacak ilaçları yapmayı başarmak. Bu bilgileri de mirasa dönüştürüp bırakmıştır.
Miras demişken hikayemde nerede kalmıştım?

### Zehirli Okun Açtığı Yara

Ve derken o büyük gün gelir. Bir gün kötü niyetli centaurlarca saldırıya uğrayan Herakles kendini savunurken, centaurlardan birine isabet eden zehirli ok, seker ve Chiron'a saplanır. Chiron bedeninde açılan ve bir türlü iyileşmek bilmeyen yarasını doğadaki otlardan türlü türlü ilaçlar yaparak iyileştireyim derken, en olmadık hastalıkları tedavi etmeye başlayan bir sürü ilaç formülü bulur. Ve bir türlü kendi yarasını iyileştirecek, acısını dindirecek ilacı yapamamaktadır. Bir dizi olaydan sonra, en sonunda ölümsüzlüğünü insanın meydana getiricisi olan öğrencisi Prometheus'a verir. Ve dünyamız için artık ölümlü olmayı seçer. Bu da demektir ki zamanı geldiğinde Chiron, dünyada tekrardan doğabilecektir. Ki nitekim öyle de oldu. Chiron, benden yaklaşık 13 ay kadar önce, 1 Kasım 1977'de Pasadena, California'da, benim kabul ettiğim doğum saati ile 09:56'da aramıza yeniden döndü. Bu satırları yazarken çok heyecanlıyım. Çünkü saat şu an İzmir, Türkiye'de gece 01:49 ve artık 1 Kasım 2019'dayız. Bugün Chiron'un Güneş Dönüşü başlıyor. Bu kitabı böyle bir süreçte yazıyor olmak benim için çok büyük bir onur kaynağıdır. Bir daha bu kadar özel bir üretim ne zaman beni seçer bilemiyorum. Çünkü biliyorsunuz değil mi? Yazar kitap yazmaz, kitap yazarını seçer ve kaleme gelir. Çünkü bilgiler canlı organizmalar gibidirler...

*Şimdi kaldığım yerden devam edeyim:*
Chiron, öğrencisi Prometheus için ölümsüzlüğünden vazgeçerek büyük bir fedakârlık yapınca, kardeşi Jüpiter bu durumdan fazlasıyla etkilenir. Ve bakın bu davranışı Chiron'a nasıl bir armağan olarak geri döner? Jüpiter nihayet, Chiron'u kendi ailesinden biri olarak kabul eder ve onurlandırır. Chiron'u soyağacının en kıymetli dalına yerleştirir. Titan soyunun ataları arasında Chiron'a bir yer tahsis eder. Bilirsiniz mitolojide evrenin yaradılış hikâyesindeki ilk kahraman, ilk Titan, Uranüs'tür. Dünyada yaşamı başlatan Titan ise Uranüs'ün oğlu Satürn'dür. Bu iki Tanrının enerjisi ile evren ve dünya enerjileri var olmaktadır. Yani kaos ve düzen... Düzen, Satürn'ün temsil ettiğidir. Kaos ise; babası Uranüs'ün temsil ettiğidir. Ayrıca Satürn geçmişi temsil eder, Uranüs ise geleceği. Chiron'un dünyadan sonraki evi Uranüs ve Satürn'ün kesiştiği yerdedir. Chiron artık geçmiş ile geleceğin arasındaki köprüdür. Bu seviyeye Tanrılar soyundan hiçbir Tanrı ulaşamamıştır. Chiron böylece artık Yay takım yıldızının da sembolü olur.

**Yeniden Dünya'ya insiye olan Chiron**
Böylece aradan binlerce yıl geçti. Peki şimdi ne oldu da 1 Kasım 1977 tarihinde sabah 09:56'da Pasadena California'da, Charles Thomas Kowal'a kendini gösterdi? Niçin yeniden dünyamıza insiye oldu? Bizler dünyanın büyük bir insiyasyona ihtiyacı olduğu bu dönemde Chiron'un aramıza döndüğünü biliyoruz. 1 Kasım günü, Akrep burcunda bir insan veya hayvan bedeninde bir varlık olarak doğmadığını da biliyoruz. Chiron bu kez kendini dünyamızda, bir bilinç olarak bizlere göstermeye başladı. Aslında dünyaya yeniden doğan Chiron'un bilinci yani bilgeliğidir.

Bu reenkarnasyonunda Chiron artık 42 yaşındadır. Ve ben Chiron'un binlerce yıl sonra aramıza niçin geri döndüğünü tam olarak bilmek istiyorum. Chiron tarihte bizi en son SONSUZ İYİLİK noktasında bırakmıştı. Ve artık baş şifacı geri döndü. İşte tüm bu kitabımı bu soru üzerine kuruyor ve bunun cevabını bulmak için bu kitabımı yazıyorum. Tek amacım Chiron'un bunca zaman sonra aramıza niçin geri döndüğünü açıklamaktır. O mu geldi? Yoksa onu biz mi çağırdık? Veya bilmediğimiz başka bir şey mi var? Sizlere bu hayati soruyu cevaplarken, dil sürçmelerim başta olmak üzere, yapacağım tüm olası hatalarımdan dolayı şimdiden affınızı diliyorum. Mutlaka kitabımla ilgili beni uyaracak ve harika katkılar sunacaksınız, biliyorum. Şimdi artık gönül rahatlığı ile bu sorunun cevabının peşine düşebilirim.

    Edgar Cayce'yi bilirsiniz. Bir gün onun bir kitabını okurken, bazı ifadeleri beni çok etkilemişti. Defalarca dönüp dönüp aynı satırları okuyordum. Kitaba devam edemiyordum. Natal chartımızdaki Chiron'un şifacılığını açığa çıkarmak, yükseltmek için gizli ve karşılıksız iyilikleri tüm zamanlarda yapmaya devam etmemiz gerektiğini anlatıyordu. Yani en azından ben okuduğum cümlelerin bu anlamlara geldiğini zannediyordum. Çünkü cümleler tam olarak bunlar değildi. Ben öyle algılıyordum. İşte Chiron üzerine düşünmeye başlama serüvenim, böyle başladı. Aradan yıllar geçti ve bir meditasyonumda, hangi konuda kitap yazmam gerektiği konusunda kendime sorular sorarken, birdenbire aklıma, Cayce'nin bu harika anlatımı geldi. Ve bu kitap böyle yazılmaya başlandı.

    Tüm sorularımın cevabını bulmak için insanlığın geçmişindeki izleri takip edince hikâyenin Satürn'ün âşık olmasıyla başladığını fark ettiğimi

artık biliyorsunuz. Satürn'ün Tanrıça olan bir eşi vardı ve dünyalı olan su perisine âşık olmuştu.
Yani 1 Kasım 1977, 09:56'da gökyüzünde Satürn'e ve dünyaya bakmam gerekecekti. İlk başlangıç noktamın burası olması gerektiğine karar verdim.

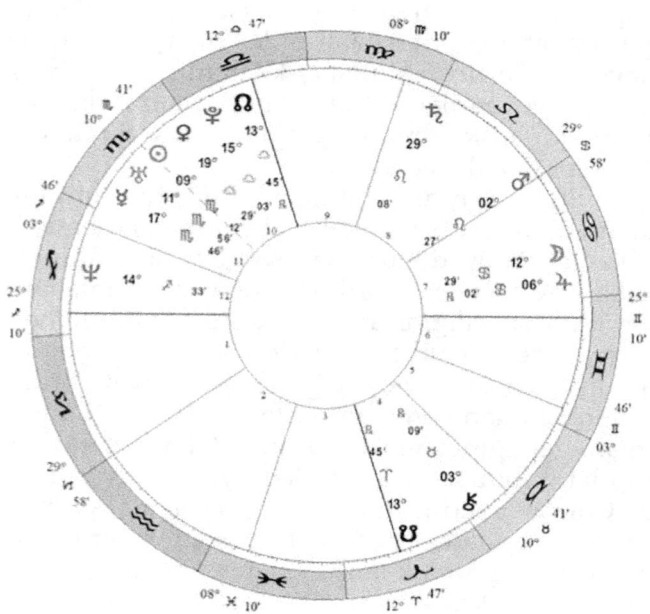

Chiron'un natal chartında Satürn, 8. Evde, 29 derecede Aslan burcundadır. 29 derece Astrolojide anaretik denilen derecedir. 29 derece içinde, büyük bir bilgelik barındırmasına rağmen astrologlarca, olumlu dışavurumları olduğu pek söylenmez. Ben ise anaretik dereceyi hep bir bitiş ve yeni bir sürecin başlangıcı olarak algıladığım için, 29 dereceyi bir dönemin kapanıp yeni bir dönemin başlangıcı olarak değerlendiriyorum. Bu yeni başlangıç elbette doğum sancısını da beraberinde getiriyor. Bu yüzden 29 derece aynı zamanda krizin de derecesidir. Satürn, Aslan burcunun 29. Derecesinde, Aslan burcu senaryosunu tamamıyla deneyimlemiştir. O, Aslan burcunun anlattığı 'cömert kral' temasını aşmayı, bu dönemini bitirmeyi ve Başak burcu senaryosuna ilerlemeyi deneyimliyor. Satürn Başak burcu temasını deneyimlemek için, Aslan burcu temasından sancılarıyla sıyrılıyor. Ve tamda bu noktada uzun zamandır alışılmış Satürn kimliğinden sıyrılırken, acıyı deneyimliyor. Oysa Tanrılar acıyı bilemezler. Ama Satürn madem Başak burcunun sınavına hazırlanıyor, demek ki fedakârlık yapmayı, mütevaziliği, kendini değerli hissetmek için başkalarına karşılıksız bir şekilde yardım etmeyi, fedakârlıklarda bulunmayı, iyilik yapıp başkalarına hizmet etmeyi öğrenecektir. Satürn için bu kolay bir tekâmül yolculuğu değildir. Farkındasınız değil mi? Zamanın sırrını bilen efendisi, kendini diğerlerine hizmet etmeye hazırlıyor. Bu Satürn için öğrenilmesi güç bir karmik sınavdır. Çünkü, Satürn lider pozisyondayken hizmet etmeyi biliyor. Oysa değişken burç Başak'ta iken yönetilmeye açık olmayı da öğrenmek zorunda kalacak. Gördüğünüz gibi hikâyenin bu bölümüne baktığımızda karşımıza, Satürn'ün kendi reenkarnasyon döngüsündeki dönüşümünü buluyoruz. Chiron, Satürn'ün hizmet etmeye liderlik yapan kimliğinden, emir alarak hizmet etmeyi öğrenen Tanrıya dönüşmesindeki en büyük yardımcısıdır. Bana sorarsanız Chiron bu yüzden yeryüzündedir. Satürn'ün Başak burcuna reenkarne oluş aşamasında Chiron'a ihtiyacı vardır. Dolayısıyla Chiron insanlığa, taşlara, bitkilere, hayvanlara yardım etmek için buradadır. Chiron yeryüzüne Satürn'ü Başak burcuna entegre etmek için insiye olmuştur. Ve bunu en güzel anlatan natal charttaki Chiron, Satürn 120 derece açısında görürsünüz. Chiron babası Satürn'ün, Aslan burcundaki ölümüne, Başak burcundaki doğumuna yardım etmektedir.

**"Ben geldim; buradayım."**

3 derecenin Tanrı'nın enerjisinin yeryüzünde kendini işaret olarak gösterdiği ilk sembol olduğunu ve 9'un da buradan anlam kazandığını biliyoruz. 3 derece; 'Ben geldim, buradayım' demenin en büyük işaretidir. Chiron natal chartta Boğa burcunda, 4. Evde, 3 derece, 9 dakikadadır. Bu öyle gözden kaçacak bir matematiksel ifade değildir. Derin bir anlamı vardır. Ayrıca Chiron Retrograde'dir. Yani bizlere 'yine geldim, yine doğdum' diyor. Dünyanın burcu Boğa'dır biliyorsunuz. Ve yine bildiğiniz gibi dünya Zodyak'ta 4. Ev ile temsil edilir. Yaşlılık ise Zodyak'ta 8. Evin konusudur. Satürn Aslan burcunun 29. derecesinde, 8. Evdedir. Yani Satürn Aslan burcu için artık ömrünün sonunu deneyimlemektedir. Bana göre Chiron'un dünyaya bir kez daha niçin gelmiş olduğu cevabı ortada ve çok açık duruyor. O, babasına bu büyük dönüşüm yolculuğunda eşlik edip, Başak burcuna, yeni sınavına geçişini kolaylaştırmak için gelmiştir. Chiron şöyle diyor; 'Baba ben buradayım. Aşağıda, dünyada. (Chiron'un insiyasyon anını tekrar tekrar hatırlayalım; 1 Kasım 1977, 09:56, Pasadena California; natal chartta Chiron, 4. Evde, Boğa burcunun 3. Derecesinde) Ve seni görüyorum, seni sevi-

yorum ve sana yardım edeceğim. Senin zamanının hükmü altında olan bu dünyada seni destekleyeceğim. Bana güven. Seni manevi olarak besleyeceğim. Ve geçişine yardım edeceğim. Ey sevgili babam, Aslan burcu için 29. derecesinde ölüyorsun; bir adım sonra Başak burcunun 0 derecesine doğmak için. Bu yolculuğunda ben buradayım. Ve sınavını vermen için elimden geleni yapacağım. Tüm dünya olarak elimizden geleni zamanımızın lordu için yapacağız. Ve hem sen hem biz çok büyük dönüşeceğiz. Ben buradayım baba'. (Chiron Satürn 120 derece açısı) Ve Chiron yeryüzünden gökyüzüne babasına seslenirken, babası bunları duyuyor mu dersiniz? Elbette duyuyor. Çünkü Chiron'un natal chartında ASC 25 derece, Yay burcudur. Kendisi bu reenkarnasyonunda zihni Akrep burcu gibi çalışırken, kendini Yay burcu temasıyla ortaya koymaya devam edecektir. Natal charta yakından bakın, babası Satürn ASC 25 derece Yay burcuna yani 1. Köşe eve 120 derece açı yapmaktadır. Yani 'seni görüyorum oğlum. Dünyaya niçin doğduğunu biliyorum' demektedir. Çünkü dünyaya doğduğumuz zaman ve mekân bizim doğum anımızı anlatır. Bu da yükselenimizdir. Satürn, Chiron'un yükselenini görmektedir. Yani dünyaya geldiği anı. Bu gerçekten hepimiz için çok büyük bir hikayedir.

**Chiron, Tanrı'dan gelen...**
Peki Satürn Aslan burcunun 29. derecesinden Başak burcunun 0 derecesine geçiş yapabilmek için en son Aslan tekamülü sınavında neyi öğrenmek zorunda kalıyor? Tabi ki cevap Satürn'ü yöneten ışıktadır. Aslan burcundaki Satürn'ü Güneş yönetiyor. Güneş astrolojide babadır. Satürn, baba olmanın sınavını vermeye ve babalığında sebep olduğu olumsuz karmanın, düşman enerjisini, dost enerjiye dönüştürmeye mecburdur. Satürn karşılıksız seven, karşılıksız şefkat gösteren, karşılıksız ko-

ruyan baba rolünü öğrenmeden, Başak burcuna geçiş yapmamalıdır. Ve babalığında en büyük haksızlığı Chiron'a yaptığını biliyorsunuz. Chiron'u terk ederek, asla kabul etmeyerek, en çok Chiron'u incitmiştir. Satürn'ün en büyük yarası, Satürn'ün en büyük şifacısı oluyor. İşte Chiron Satürn'e bu konuda yardım etmek için dünyamıza 42 yıl önce yeniden doğdu. O bu kez babasına, babalığının sınavını vermesinde yardımcı oluyor. Ve 42 yıldır da yaptığı tam olarak bu aslında. Aslında Chiron bizim atalarımızdan, geçmişimizden, geçmiş hayatlarımızdan (bunlar Satürn temalarıdır) devraldığımız ne kadar düşman gibi çalışan enerji varsa, hepsini dost enerjiye dönüştürerek, içimizdeki Satürn'ü onarmaya çalışıyor. İşte bana göre Edgar Cayce ile buluşup, ona yardımseverlik konusunda bilgiler vermesinin altında bu gerçekliğin yattığını düşünüyorum.

Tekrar Satürn'ün sınavını anlamaya çalışmaya dönersem; hatırlayın sevgi aynı zamanda 5. Evle ve Aslan burcuyla da alakalıdır. Satürn Aslan burcunun sınavını bitirmeye çalışıyor. O sevgiyi öğrenmenin son derecesini deneyimliyor. Satürn, sevgiyi ve baba rolünü tam olarak öğrenmeden Başak burcunun sınavına girerse, bizi çok daha olumsuz bir gelecek bekliyor olacak. Buna izin vermemeliyiz. Zaten Chiron buna izin vermek istemediği için aramıza geri döndü. O hepimizin içimizdeki Satürn'e bakıp, geçmiş reenkarnasyonlarımızda oluşturup, bu reenkarnasyonumuza sürüklediğimiz karmalarımızla, gölgelerimizle iletişime geçip, şifalandırmamızı istiyor. Böylece Satürn, bu büyük Sonsuz İyilik çemberi sayesinde, Aslan'ın 29. derecesinin sınavını verip, babalığı, sevgiyi öğrenmiş bir şekilde, Başak burcunun sınavına giriş yapabilecektir. Gelecekte bizi tehdit etmeden, bizim lehimize çalışacak olan zamanı hepimiz hak ediyoruz. Anladığınız üzere bu sadece Satürn'ün reenkarnasyon sınavı değildir. Bu zamana tabi olan her canlının, öncelikle de insanın sınavıdır. Hepimiz 1 Kasım 1977'den bu yana, 42 yıldır, Chiron'un rehberliğinde, baba olmayı öğrenmenin, sevgiyi öğrenmenin sınavını vermeye çalışıyoruz. Tüm dünya olarak bizler, zamanın (Satürn) bizi destekleyen bir enerjiye dönüşmesi için bunu yapıyoruz. Chiron zamanın (Satürn'ün) bizi destekler hale gelmesinin yolunu hepimize öğretiyor. Bu yolun adı Sonsuz İyilik'tir. Sonsuz İyilik baba olmayı öğrenmek ve sevip sevilmeyi kabul etmeyi öğrenmek için gerekli olan enerjiyi oluşturacak yoldur. Bizler Sonsuz İyilik halinde kalarak, içimizdeki Satürn'ü yani zamanı, dosta çevirmeyi başarmış olacağız. Böylece zamana tabi yaşayan hepimiz Aslan burcunun 29. derecesinin sınavını başarıyla verebileceğiz. Böylece birbirimize hizmet ederek yücelmenin sınavına hazır hale geleceğiz. Başak burcunun bu değerli sınavında hepimiz birlikte kazanacağız.

*Şimdi de Chiron'un annesi ile ilişkisine bakalım.*
Natal chartta Satürn'ün yöneticisi Güneş, 10. Evde, doğal Zodyak'ta 8. burç olan Akrep burcunun 9. derecesinde, 11 derecedeki Uranüs ile kavuşuyor. Bilirsiniz Chiron gökyüzünde Satürn ve Uranüs'ün birleştiği alanda bulunuyor. Natal charttaki bu kavuşum açısı bizimle çok güzel konuşuyor. Yani Chiron adeta 'ben buradan geldim' diyor. Satürn ve Uranüs'ün yörüngesinden buraya yeniden insiye olması için bu şartın oluşması çok önemlidir. Chiron'un daha önce dünyaya Yay burcu olarak insiye olduğunu biliyoruz. Ve Jüpiter gezegeni Yay burcunu yönetir. Buradan Chiron'un doğum kanalı olarak hangi enerji hattını kullanmış olabileceğine bakalım. Chiron, bu reenkarnasyonunda burcu Akrep, ASC'si Yay burcudur. Güneş Akrep burcunun 9. derecesindedir. Demek ki Dünya da Boğa burcunun 9. derecesindedir. Chiron

dünyaya yeniden doğarken, bu hattı kullanmış olabilir. Dünya Zodyak'ta yerküre manasında Boğa burcudur ve 4. Evle temsil edilir. Bu natalde Boğa burcu 4. Evin 2. Burcudur. Boğa burcunu Venüs yönetir. Peki Boğa burcunu yöneten anlamındaki Venüs kimdir? Venüs sudan gelen üreme tetikleyicisi yani aşktır. Ve tıpkı Chiron gibi dünyada doğan ilk Tanrıça'dır. Hatırlayalım; Chiron dünyada doğan ilk Tanrı, Venüs ise dünyada doğan ilk Tanrıça'dır.

Ay; bir natal chartta anneyi anlatır. Chiron bu reenkarnasyonunda da yine aynı annenin rahminden doğmuştur. Chiron'un natal chartında Ay, Yengeç burcunun 12. derecesindedir ve bize annesinin bir önceki reenkarnasyonundaki annesi olduğunu işaret eder. Ayrıca Ay, Jüpiter kavuşumu da burada çok önemlidir. Çünkü bir natal chartta ASC daima doğuştan yanımızda getirdiklerimizin neler olduğunu anlatan yerdir. Chiron'da ASC yöneticisi Jüpiter'dir. Yani bu bilgi, Chiron annesini yanında getirmiştir, anlamına gelebilir. Ay Jüpiter kavuşumu 7. Evde olmaktadır. Chiron'un annesi ile ilişkisinin karması buradadır. Ve o karmanın yine devam ettiğinin en büyük kanıtı Jüpiter'in Retrograde olmasından bellidir. Anneye yakından baktığım zaman Ay'ın Venüs ile kare açısını görüyorum. Venüs 7. Evdeki annelik kimliği ile, 7. burç (Terazi burcu) üzerinden bağ kuruyor. Venüs natal chartta, Satürn'ün yöneticisi Güneş'in yücelim derecesindedir. Bu bilgi beni derinden etkiliyor. Yani Venüs 10. Evde, Terazi burcunun 19. derecesinde ve Ay ile 90 derece açısı var. Buradaki bilgi oldukça sarsıcı ve bir o kadar da ümit vericidir. Venüs bu natalde çok güçlüdür. O artık kurban bilincindeki su perisi değildir. Güneş'in yani kralın/kraliçenin yücelim derecesindedir ve Terazi burcundadır. Venüs artık aşkta kurban edilmiş kadın bilincinden çıkmış, ilişkilere adaleti taşıyan Athena bilincine geçmiştir. Ve

10. Evde olduğu için bunu tüm insanlığa öğretmeyi kendine amaç edinmiştir. Chiron dünyaya yine aynı rahimden çıkarak doğmuş olabilir; ama bu anne artık o eski anne değildir. Annesi çok değişmiş, tekâmül yolculuğunda fazlasıyla ilerlemiş, çok güçlü, adaleti savunan bir anneye dönüşmüştür. Chiron'u bu kez aşktan yanıp tutuşan, kendinden utanan, entrikacı bir kadın değil, gezegene adaleti öğreten gerçek bir Tanrıça doğurmuştur.

Bu bir su perisinin oğlu olarak dünyadan ayrılan Chiron'un, bir Tanrıçanın oğlu olarak geri dönüşünün hikayesidir. Bakın bu bilgiyi çok derinden kavramamız gerekiyor. Çünkü Uranüs'ün yeryüzündeki görünümü olan Venüs (Remember adlı kitabımda bunu oldukça güçlü bir şekilde anlatıyorum), yeryüzü reenkarnasyonundan sorumlu olan enerjidir. Venüs'ün kendi reenkarnasyon döngüsünde olumlu anlamda ilerlemiş olması, tüm dünyanın kendi reenkarnasyonunda olumlu anlamda ilerlemiş olması demektir. Venüs'ün güçlenmesi demek, tüm dünyanın ve onun parçası olan her zerrenin güçlenmesi demektir. Chiron 2019 yılında artık 42 yaşında ve annesi Venüs onu büyütmeye devam ediyor.

Farkındaysanız natal charta bütünsel bakıyorum; ama yorumlarımı sadece sorduğum soruların cevaplarını yazarak belirtiyorum. Çünkü sizin de bu natal charta bakıp özgün fikirlerinizin önüne engel koymak istemiyorum. Özellikle kasti olarak kitaba tüm natal chartın genel yorumunu yazmıyorum. Çünkü sizlerle seminerlerimde bu natal chart üzerine yıllarca, özgürce, konuşabilelim istiyorum. Bu muhteşem insiyasyon anına en yaratıcı halimizle birlikte bakalım ve saatlerce üzerine konuşalım istiyorum. Prenatal chartına, solar return'e, secondary progressed'e, firdaria'sına, profesksiyon'una vb. birlikte bakalım istiyorum.

Çünkü o bize içimizdeki Satürn'ü iyileştirmemiz için rehberlik yapmaya geldi ve bizde kendimizi yani Chiron'u onurlandırmaya devam edeceğiz.

Şimdi Chiron'un, babası Satürn'ün karmik sınavını en sağlıklı şekilde vermesine yol açacak Sonsuz İyilik'in ne olduğunu öğrenelim.

Chiron'nun hem bilinci yani Güneş'i 9 derece olduğu için, hem de Chiron İkizler burcunun 9. derecesinde yüceldiği için sizlere, 9 farklı insanın 9 farklı Sonsuz İyiliğini natal chartlarında nasıl okuyacağınızı öğretiyorum. Bu bilgileri hem kendi natal chartlarınıza hem de bütün insanlara uygulamanız dileklerimle.

*"Astrolojinin en yararlı işlevi, ışık yasalarına göre bir insanın en içsel doğasını keşfetmesine ve bilincine ulaşmasına imkan sunmasıdır."*

***Aleister Crowley***

## İKİNCİ BÖLÜM

# Natal Chartta Sonsuz İyilik Bulma Egzersizleri

## NATAL CHARTTA
## KİŞİYE ÖZEL
## SONSUZ İYİLİĞİ BULMAK

Bu kitabın teması hayırseverliktir. Karşılıksız iyiliğin yani bilerek iyi karma yaratmanın kişinin kendi iç dengesini kurabilmesine olan büyük katkısını vurgulamak için yazılmıştır.

**Egzersiz
1**

# 28 Ağustos 2019

**14:20**

**İzmir
Türkiye**

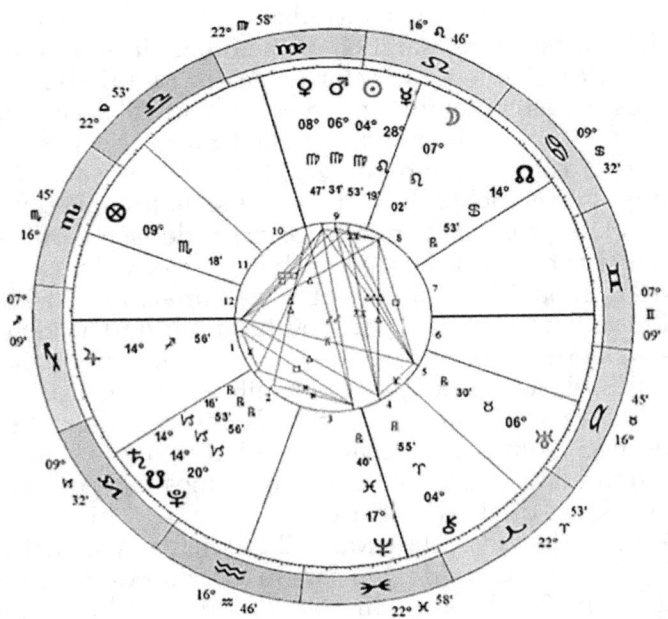

Kişiye özel Sonsuz İyilik, natal charta sorulacak 3 temel soru ile kendini bize gösterir. Bu sorular şunlardır:

1. İyilik yapılacak kişinin cinsiyeti
2. İyilik yapılacak kişinin belirgin özellikleri
3. Hangi iyiliğin yapılacağının fark edilmesi

Chiron'un her birimize özel bir mesajı vardır. Ve bu mesaj natal chartımızda, Chiron'u takip ederek bulabileceğimiz bir mesajdır. Şimdi size bu mesajı nasıl bulabileceğinizi anlatmaya çalışacağım.

Bu natal chartta Chiron 4. evde, 4 derece Koç burcundadır ve Mars ile kavuşan Güneş'i görmemektedir. Natal chart sahibinin ailedeki erkek kişilerle arasındaki ilişkinin doğasını buradan kavramak mümkün olabilir. Bu çok da sevgi dolu, rahat, ilgi dolu ilişkileri anlatmaz. Zor ilişkileri anlatır. Bu kişi içine doğduğu ailesinden genç erkeklerle, babasıyla, sonra da eşi ve patronu ile mutlu ilişkilere sahip olamayabilir. 4. ev ve 4 derece mezarlık, tabut, ölüm temalarını anlatırlar. Tabuttaki Chiron'un mezarın içinden, 9. evde Başak burcundaki Mars ile kavuşan Güneş'i görmeyişi oldukça düşündürücüdür. Koç'taki Chiron'un kendi yöneticisi olan Mars Başak'ta ve yöneticisi Merkür de Aslan'da ve Mars'ın yücelim derecesinde yani 28 derecededir. Ve Merkür'ü Chiron'un görmediği Güneş yönetiyor. Tüm bunlar bir dizi talihsiz ilişkiyi gösteriyor olabilir. Chiron'un bilindiği üzere doğal evi 9. evdir ve Chiron, 4. evdeyken zaten 9. evde olup bitenleri göremez.

Tüm bunlara bakarak kişinin, içindeki şifanın uyanışını sağlamak için Mars, Güneş ve Merkür'den destek alamayacağını çok açık görebiliriz. İşte tam da bu durumun ortadan kaldırılması gerekir. Natal chart sahibinin erkek kişilerle ilişkileri başta olmak üzere, 9. evin kendisinin ve 9. evin burcunun, gezegenlerin anlattığı her şeyin yoluna girmesi için bu görmeme açısının aşılması, şifalanması zorunludur. Yoksa kişi yüksek öğrenim, hukuk, baba, eş, sevgili (kadın haritası olduğu için) konuları başta olmak üzere birçok konuda talihsizlikler yaşayabilecektir.

Bu veriler ışığında Chiron'un natal chart sahibine vermek istediği mesaj iyi algılanmalıdır. Chiron, kişinin ruhsal gelişiminde yaşaması muhtemel talihsizliklerin aslında, tekâmül yolculuğunda muhteşem bir fırsat olduğunun anlaşılmasını ister. Kurban bilincinin aşılmasını ve kozmik bilince ulaşılmasını ister. O'nun görevi bize kurban bilincinden kozmik bilince yolculuğumuzda yol göstermektir. O, adeta bizim yaşam koçumuz veya kişisel danışmanımız gibidir. Bu fırsat sayesinde Chiron'un hasta olan yanlarımızı iyileştirmek için nasıl bir metot kullandığını öğreniriz. Chiron, insanın düşünce enerjisinin nereye yönlendirilmesi gerektiğini çok açık ve yaratıcı bir şekilde ifade eder. Ve bu ifadeler hepimizin natal chartında bize özel yazılıdır. Önemli olan bilgiyi okumayı becerebilmektir.

Kişi ömrünün sonuna kadar düzenli olarak hangi iyiliği yaparsa daha olumlu ilerleyebilecektir? Chiron'un rehberliğinde, kişinin ruhsal tekâmül yolculuğunda hangi karşılıksız iyiliği yapacağını tespit edelim. Şimdi bu iyiliği natal chartında nasıl bulduğumuza bakalım. Bu iyiliğe biz sonsuz iyilik veya sonsuz şifa diyoruz.

1- İyilik yapılacak kişinin önce cinsiyetini bulalım:

Chiron Koç burcundadır. Koç burcu eril bir burçtur. Yöneticisi Mars ise; 9.evde, dişi burç olan Başak'ta ve Chiron onu görmüyor. Koç burcu en eril burç olduğu için bu bir oğlan çocuğunu işaret ediyor olabilir.

2- İyilik yapılacak kişinin belirgin özelliklerini bulmaya çalışalım:
Chiron, Koç burcunda olduğu için bu, 0-1.5 yaş arasındaki bir oğlan çocuğunu anlatır. Ayrıca Chiron 9. evdeki Güneş'i de görmüyor. Bu da belki babası hayatta olmayan bir oğlan çocuğunu işaret ediyor olabilir. Öte yandan Güneş'in ve Mars'ın yöneticisi Merkür 28 derecede Aslan burcunda kritik bir derecededir. Merkür iletişimi işaret ettiği için, kişinin bu alanda zayıf özellikleri olması gerektiğini anlatıyor olabilir. Yani iyilik yapılacak oğlan çocuğu kekeme de olabilir. Bu natal chartta Merkür'ü Güneş yönettiği için ve Güneş sağ gözü anlattığı için belki de bu oğlan çocuğu, sağ gözünde sağlık problemi yaşamaktadır. Güneş ve Chiron 150'lik açısını düşünürsek bunun mümkün olma olasılığı artıyor gibi görünüyor.

Sonuç olarak natal chart sahibine Chiron, 'ya babası hayatta olmayan ya da babasının geliri oldukça düşük olan ya kekeme ya da sağ gözünde sağlık problemi olan bir oğlan çocuğuna iyilik yapabilirsin' diyor. Elbette ki bu Sonsuz İyiliği kişi kendi ömrünün sonuna kadar düzenli aralıklarla tekrar etmelidir. Yardım elini uzattığı kişiler yıllar içinde değişebilir; ama kendisi bu iyilikleri yapmaktan vazgeçmemelidir. Sonsuz İyilik, Sonsuz Şifa getirecektir. Ve bu şifa hem hayırsevere hem de iyilik yaptığı kişiye yansıyacaktır. Burada karşılıklı bir iyileşme söz konusudur.

3- Son olarak yapılacak sonsuz iyiliğin ne olacağını natal charttan okumaya çalışalım:
Koç burcu baharın müjdecisidir. Yaşamın başlangıcını, kurtarıcılığı, hareket ettiriciliği ve harekete geçiriciliği anlatan bir senaryoyu temsil

eder. 4. Ev dünya, Koç burcu ise yaşama başlamak ve hayatta kalmak anlamına geldiği için, 0-1.5 yaş arasındaki bu bebeğin hayatta kalması için maddi ihtiyaçlarını karşılamaya çalışmalıdır. Kişinin böylece yoksul bir ailenin bebeklerini büyütmelerine sunduğu hayati önem taşıyan bu karşılıksız iyilik, büyük bir dönüşüm gücünü açığa çıkaracaktır.

*"Gezegenler, takımyıldızlarda yazılı insan kaderinin cümlelerini işaret eden Tanrı'nın noktalama işaretleridir."*

**James Lendall Basford**

**Egzersiz
2**

# *Rudolf Steiner*

**25 Şubat 1861
23:15**

**Kraljevica
Macaristan**

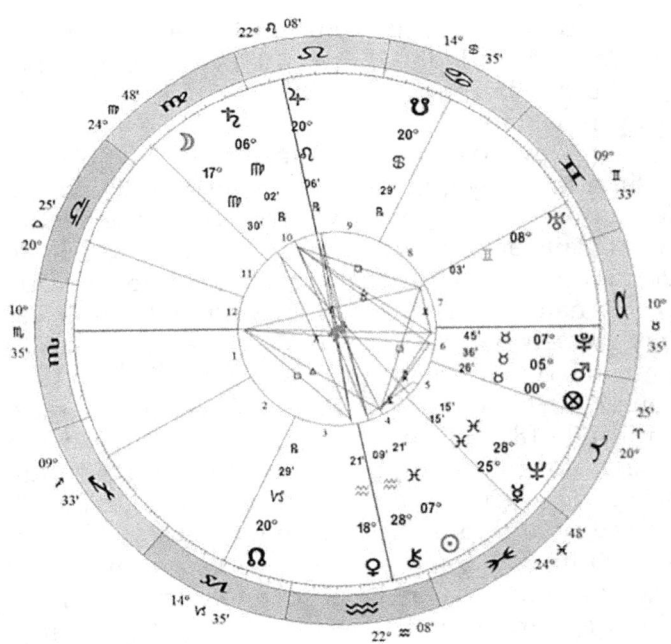

3 temel sorumuzu hatırlayalım:

1. İyilik yapılacak kişinin cinsiyeti
2. İyilik yapılacak kişinin belirgin özellikleri
3. Hangi iyiliğin yapılacağının fark edilmesi

Bu natal chartta Chiron 28 derece Kova burcunda ve 4. evdedir. Chiron 10. evde 6 derece Başak burcunda retrograde olan Satürn'e 180 derece açı yapmaktadır.

4. ev Kova burcu olduğu zaman bu gösterge kişinin, aile soyunun göçmen, yoksul, işçi, ayrılıklar yaşayan, savaş ve isyan dönemlerinden etkilenmiş aileler olma olasılığını anlatabilir. Özellikle 28 derece Chiron'un Mars'ın yücelim derecesinde oluşu, natal chart sahibinin ailesinin yoksulluk, savaş vb. sebeplerden dolayı göç etmiş olma olasılığını kuvvetlendirmektedir denebilir. Ayrıca Chiron'un 10. evde Başak burcunda 6 derecedeki retro Satürn ile 180 derece açısı bize kişinin, işçi babanın ve işçi annenin çocuğu olabileceğini ve yoksulluk sebebiyle göçmüş olduklarını anlatıyor olabilir. 20 derece retro Jüpiter'in, Satürn'ün yücelim derecesinde oluşu, Jüpiter'in 9. evde oluşu, tüm bunlar bize yoksulluk, savaş ve göçmenlik temalarının kişinin, eğitim öğretim hayatını direkt etkilediğinin de işaretleri olabilir.

Chiron kişinin ailesindeki bu hareketliliğin, göçmenliğin, yoksulluğun vb. iyileşmesi için Jüpiter'in şifalanması gerektiğini işaret ediyor olabilir. Bu iyileşme kişinin yüksek eğitimde daha başarılı olmasının sağlanması anlamına gelebilir. Bunun için soyağacından gelen yaraların şifalanması gerekmektedir Chiron'un kendi yöneticisi Satürn ile 180 derece açısı, kişinin aile köklerinin şifalanması konusunda bize çok şey anlatıyor olabilir. Kişinin yarası soyağacındaki hatıralardır. Şifalanması gereken şey yoksulluk, savaş ve göçmenliğin ailede açtığı yaralardır. Bu yaralar matematik zekâsı yüksek bir kişinin, yüksek eğitim ve öğretimde ilerleyişini sabote ediyor olabilirler. O halde bu kapanmayan yaranın şifalanması için ne yapılmalıdır? Kişinin sonsuz iyiliği nedir? Bu soruların cevaplarını bulmak için 3 temel sorumuzun cevaplarını bulalım.

1- İyilik yapılacak kişinin önce cinsiyetini bulalım:
Chiron 28 derece Kova burcundadır. Bu daha çok bir erkeği işaret eder. Chiron'un yöneticisi Satürn ise; dişi burç olan Başak burcundadır. Chiron, Satürn 180'ini göz önünde bulundurursak burada hem erkek hem de kadın kişilere Sonsuz İyilik yapılabilir.

2- İyilik yapılacak kişinin belirgin özelliklerini bulmaya çalışalım:
Şimdi de bu kişilerin yaş aralığını bulalım. Sonsuz iyilik yapılacak kişi bir erkek seçilecekse bu kişi 68 ile 80 yaş arasında bir kişi olmalıdır. Çünkü, Kova burcu 68-80 yaş arasını işaret eden bir burçtur.
Sonsuz iyilik yapılacak kişi kadın seçilecekse, 18 ile 25 yaş arasında olmalıdır. Çünkü, Başak burcu 18 ile 25 yaş arasını işaret eder. Satürn Başak'ta olduğu için, kadının olabilecek en yaşlı hali seçilmelidir. Yani kadın 25 yaşında olmalıdır.

3- Son olarak yapılacak sonsuz iyiliğin ne olacağını natal charttan okumaya çalışalım:

### Kadına yapılacak Sonsuz İyilik ne olmalıdır?

Chiron'un yöneticisi Satürn dişi burç olan Başak burcundadır. Burada dişil bir enerji söz konusudur. Bu sebeple kadına yapılacak iyiliğin bu referans noktasından bakılarak tanımlanması daha doğrudur. Satürn 6 derece olduğu için kadının kemikleri, dişleri, saçları, derisi, iskelet sistemi ile ilgili bunlardan en az birinden sağlık problemi yaşıyor olması gerekir. Chiron 180 Satürn açısını göz ününde bulundurursak, bu kadının da ailesinin yine yoksulluk, savaş vb. konularla göçmüş bir aileden olmasına önem verilmelidir. Satürn'ün yöneticisi Merkür'ün, Neptün ile kavuşumu göz önünde bulundurulup, bu kadının ayak derisi, ayak kemiği vb. ile ilgili hastalığı olması gerekir. Sonsuz iyilik yapacak kişinin bu hastalığın şifalanması ile ilgili maddi manevi destek olması şarttır.

### Erkeğe yapılacak Sonsuz İyilik ne olmalıdır?

Chiron, Mars'ın yücelim derecesi olan 28 derecede ve Kova burcundadır. Burada baskın bir eril enerji söz konusudur. Bu sebeple erkeğe yapılacak iyiliğin bu referans noktasından bakılarak tanımlanması daha doğrudur. Chiron'un yöneticisi Satürn Başak'ta, 6 derecede. Bu derece; 6. evi ve doğal Zodyak burç diziliminde Başak burcunu işaret ettiği için bu kişi sağlık sorunu yaşayan bir kişi olmalıdır. Satürn kemikler, Kova burcu damarlar, özellikle de varis hastalığı ile ilgili olduğu için bu ve buna benzer rahatsızlığı olan erkek kişilere Sonsuz İyilik yapılabilir. Bu kişilerin ilaç paraları ödenebilir. Sonsuz iyilik, bu erkeğe ilaç satın almak olabilir. Ayrıca bu erkeklerin de savaş, yoksulluk vb. sebeplerle göçmen işçi olması daha uygun olur.

*"Astroloji hayatınızın bir yol haritası gibidir. Kendi özel haritanızı kullanmak zorunda değilsiniz. İsterseniz, bir süre onu göz ardı edebilirsiniz, çünkü direksiyonda siz varsınız. Ancak yolunuzdan ne kadar fazla saparsanız, daha fazla engelle karşılaşır ve daha fazla çarpışma yaşarsınız. Haritanızı bir T'ye kadar takip ederseniz, yaşamınız bir otoban haline gelir!"*

**Maria Shaw**

Egzersiz
3

# *Jane Austen*

**16 Aralık 1775**
**23:45**
**Steveston**
**İngiltere**

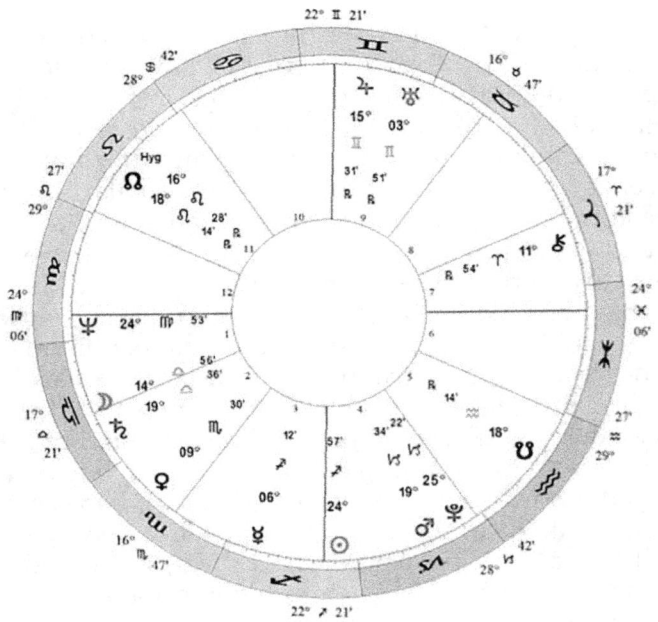

3 temel sorumuzu hatırlayalım:

1. İyilik yapılacak kişinin cinsiyeti
2. İyilik yapılacak kişinin belirgin özellikleri
3. Hangi iyiliğin yapılacağının fark edilmesi

Bu natal chartta Chiron, 11 derecede Koç burcunda, 7. Evde, 8. Evin girişi ile kavuşmakta ve retrogradedir. Chiron retrograde bir enerjiye sahip olan 12. Evi çok sevdiği için retrograde çalışmayı sever. Çünkü o daima geçmiş yaşamlarımızdan bu reenkarnasyonumuza transfer olan karmalarımızın acılarını dönüştürmemiz için o anıları canlı tutan yanımızdır. Chiron burada görüldüğü gibi 2 evi birden enerjisi ile etkilemektedir. 7. Ev ilişkileri temsil eder ki en başta evlilik ilişkisini ve açık düşmanlıkları. Belli ki natal chart sahibine insanların işleri düşünce geliyor, işleri bitince arkalarına dahi bakmadan çekip gidebiliyorlarmış. Yani kendisinden alacaklarını almaya gelip, alıp, işleri bitince bırakıp gidiyorlar. Belki de O ömrü boyunca ilişkilerindeki elinde olmayan kopuşları, babasının ekonomik gücünün zayıf olmasını, aile evinde yoksul olmayı, olumsuzlukları her düşündüğünde, kendini kurban gibi hissetmiş olabilir. Bana kalırsa bir dönem böyle hissetmiş olabilir; ama sonradan kurban bilincinden kendini sıyırıp, bu durumu bir şansa, avantaja çevirmeyi başararak kendini geliştirmeyi başarmıştır. Bunu haritadaki potansiyellerden okuyorum. Onları buraya yazmayacağım. Çünkü konumuz bu değil.

Bu kişi bana gelip; 'ilişkilerimdeki kayıplarım ve yersiz kaygılı ruh halimden kurtulmak için daha iyi neler yapabilirim' deseydi, O'na, Chiron ile ilgili motive edici bir sunum yapardım. Ve O'na Sonsuz İyiliğini şöyle açıklardım;

1- İyilik yapılacak kişinin önce cinsiyetini bulalım:

'Senin natal chartında Chiron Koç burcunda -ki Koç burcu en eril burçtur-, yöneticisi Mars dişi burç olan Oğlak'ta ama; nihayetinde Güneş'in yücelim derecesinde, 19 derecededir. Yani 19 derecedeki Mars'ın oldukça eril bir gücü var. Bu durum hayırseverlik yapacağın kişinin cinsiyetinin erkek olması gerektiği konusunda ikna ediyor. Ayrıca Mars da dişi burç olan Oğlak'ta olduğu için kadınlara da yardım edebilirsin. Ama önceliğimiz Koç burcundaki Chiron'un işaret ettiği oğlan çocuğundadır' derdim.

2- İyilik yapılacak kişinin belirgin özelliklerini bulmaya çalışalım:

Koç burcu 0-1.5 yaş arasını anlatır. Ayrıca yöneticisi Mars da Oğlak burcunda. Oğlak burcu ise; 56-68 yaş arasında birini işaret eder. 'Sen bu iki yaş grubundan erkeklere hayırseverlik yapacaksın' derdim. Eğer 0-1.5 yaş arasında bir oğlan bebeğe yardım edeceksen; O'nun senin milliyetinden olmayan bir aileden olmasına dikkat et derdim. Göçmenlik teması aynı zamanda Uranüs ile ilgilidir. Ve Uranüs bu natal chartta 9. Evde İkizler burcundadır. Uranüs'ün yöneticisi Merkür'dür. Chiron Merkür ile 120 derece açı yapmaktadır. Yani göçmen, yoksul bir oğlan bebek bulman gerekiyor.

'Eğer 56-68 yaş grubundan bir erkeğe yardım edeceksen; O'nun çalışamayan biri olmasına dikkat et' derdim. Hastalık evi 6. Evdir. Burası Kova burcu, evin yöneticisi Satürn'dür. Mars'ı hem Satürn yönetiyor hem de Mars, Terazi burcunda 19 derecedeki Satürn'e 90 derece açı yapıyor. Yani bu erkeğin kemikleri, derisi, dişleri, omurgası ile ilgili sağlık problemleri olabilir. Veya nefes almak ile ilgili sorunlar, ciğerler ile ilgili problemler nüksedebilir. Ayrıca Mars / Pluton kavuşumu, bu erkeğin hastalığının ölümcül olabileceği ile ilgili bir bilgi bu natal charttan okunabilir' derdim.

3- Son olarak yapılacak sonsuz iyiliğin ne olacağını natal charttan okumaya çalışalım:
'Chiron Koç burcunda ve 11 derecededir. Bebeğin yürümesini kolaylaştıracak yürüteç alabilirsin. 11 derece, 11. Evi işaret eder ve bu natal chartta 11. Ev Yengeç burcudur. Yengeç burcu beslemeyi, beslenmeyi de anlatır. O sebeple bebeğe süt, mama ve genel olarak o yaş grubunun yiyebileceği yiyecekleri satın alabilirsin.

56-68 yaş arasındaki erkeğin dizleriyle, dişleriyle, derisiyle, kemikleriyle, omurgasıyla ilgili yaşadığı bir sağlık probleminin çözümünde yardım etmek en doğrusudur. Bana kalırsa yardım edilmesi gereken kişinin astrolojik göstergeleri; ilk gençlik yıllarında çok ciddi ve belirgin yeteneklerini fark etmiş; ama bunları kariyerine yansıtamamış, zamanında popüler olmuş; ama sürdürememiş, yoksullaşmış bir erkeği anlatıyor olabilir. Oğlak'taki Mars kavuşum Pluton daha çok yürümekte sorun yaşayan bir erkeği de işaret ediyor gibidir. Bu sebeple bacaklarından, dizlerinden sağlık sorunu yaşayan bir erkeğe yardım etmek en doğrusudur. Bu kişiye para vermekten ziyade, Mars / Neptün 120 derecesinden ilham alarak ilaç masrafları karşılanabilir. Neptün Başak burcundadır. Bundan dolayı kişinin inancına göre doktorlardan, şifacılardan, enerjistlerden, alacağı danışmanlık hizmetlerinin ücreti de ödenebilir' derdim.

*"Bir insanın yaşam denizini geçmesine yardımcı olmak için burçlardan daha iyi bir tekne yoktur."*

**Varaha Mihira**

**Egzersiz
4**

## *Emily Jane Bronte*

**30 Haziran 1818
14:49**

Thornton
İngiltere

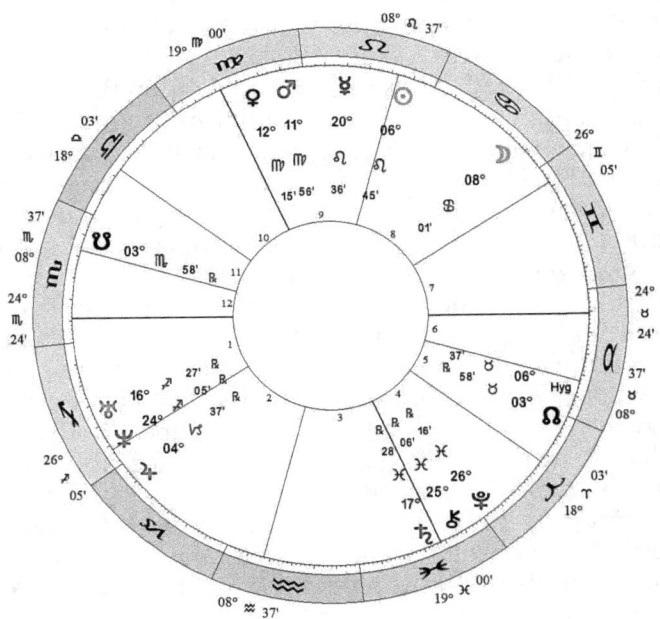

3 temel sorumuzu hatırlayalım:

1. İyilik yapılacak kişinin cinsiyeti
2. İyilik yapılacak kişinin belirgin özellikleri
3. Hangi iyiliğin yapılacağının fark edilmesi

Bu natal chartta Chiron, 4. Evde, 25 derece Balık burcunda ve retrograde'dir. Chiron Satürn ve Pluton ile kavuşum açısı yapmakta ve Neptün ile de 90 derece açısı vardır. Chiron ASC ile 120 derece, MC ile 180 derece açı yapmaktadır. Biliyorsunuz Chiron 4. Evde kişinin atalarını, doğduğu ülkeyi, ebeveynini özellikle de babasını vb. anlatan bir evdir. Demek ki danışanımızın şifalanması gereken karmik yaraları, 4. Evin konularındandır. O bu yaraları kendi kendine iyileştiremez. Natal chartından yardım alıp, iradesini kullanarak hayırseverlik enerjisi meydana getirmek zorundadır. Yani kendi ilacını kendisi üretmek zorundadır. Bu ilacın üretilmesi için gerekli olan ham madde ise bildiğiniz gibi natal chartında işaret edilen kişiye özel Sonsuz İyilik'tir. Kişi iyiliğin kendisine dönüşmeden, yarası, şans enerjisine dönüşemeyecektir. Sonsuz yaranın Sonsuz şifaya dönüşmesi değil midir bütün gayretimiz. Bunca analizi yapıp, doğru iyiliği bulup, Sonsuz yaranın Sonsuz şifaya dönüşebilmesi için gerekli bütün enerjiyi meydana getirmek. İşte budur bütün amacımız.

Chiron'u 4. Evde olan biri, soyağacının da yarasını taşır. Soydan ona aktarılan birçok olumsuz hatıra vardır. Ve bu hatıralar, kişinin hayatında birçok yaşam alanında engeller yaratabilir. Oysaki bizler geçmişimizin bizi dostça desteklemesini sağlamalıyız. Geçmiş hatıralarımızın bizi sabote etmesine, bir şeyler üretmeye çalışırken bizi engellemesine bir son vermeliyiz. Geçmiş hatıralarımızı kendimiz için birer dosta dönüştürmeyi başarmalıyız.

Geçmişimiz ile barışmayı öğrenmeliyiz. İşte bu kitapta yapılmaya çalışılan da tam olarak budur. Bu kişi için özel bir durum vardır; O sadece kendi yarasını değil atalarının da yaralarını miras almıştır. Sonsuz iyiliğini tanımladıktan sonra, bu hayırseverliği hayatının bir parçası haline getirdiğinde hem kendi yarası hem de atalarının yaraları iyileşmeye başlayacaktır. Ortaya çok güçlü bir enerji çıkacak ve kişi geçmişi tarafından fazlasıyla dostça desteklenecektir. Kişinin soyu onun dostu olacaktır. Bu çok derinden bir tamamlanma hissi doğurabilir. Tamamlanmış hissetmenin sonrasındaki adım huzur bulmaktır. Tamamlanan huzura erer. Bunu hep hatırlayın. Bu harika bir gelişmedir.

Şimdi kişinin huzura ermesine yardım etmeye başlayalım.

1- İyilik yapılacak kişinin önce cinsiyetini bulalım:

Chiron, Balık burcundadır. Balık burcu dişi bir burçtur. Balık burcunun yöneticisi Jüpiter, yine dişi burç olan Oğlak burcundadır. Demek ki natal chart sahibi Sonsuz İyiliğini bir kadına yapmak durumundadır.

2- İyilik yapılacak kişinin belirgin özelliklerini bulmaya çalışalım:

Balık burcu 80 yaş ve üstü kişileri işaret eder. Demek ki natal chart sahibi en az 80 yaşında olan bir kadına iyilik yapmalıdır. Chiron Satürn ile kavuşum açısı yaparak bana bu yaşlı kadının kemikleri, dişleri, derisi, omurgası ile ilgili sağlık problemleri olması gerektiğini hatırlatır. Diğer yandan Satürn'de Balık'ta olduğu için aklıma direkt olarak ayak kemikleri ile ilgili sağlık sorunu yaşayan yaşlı bir kadın gelir. Çünkü balık burcu daima ayakları işaret eder. Chiron ve Pluton kavuşumu ise bana, bu sağlık probleminin çok uzun zamandır sürüyor olduğunu anlatıyor olabilir. Belki de yaşlı kadının ayak sağlığı ile ilgili problemin tam olarak neden kaynaklandığını tıp doktorları henüz bulamamışlardır. Yani biz kronik bir ayak kemiği, ayak derisi hastalığı olan bir yaşlı kadın arıyoruz. Bilirsiniz Balık burcu 12. Burç olduğu için hastahaneleri de anlatır. 12. Ev bu natal chartta Akrep burcu ve yöneticisi Pluton Balık'ta Chiron ile kavuşuyor. Sanırım biz ayak hastalığı sebebiyle hastahanede tedavisi süren bir yaşlı kadın arıyoruz.

3- Son olarak yapılacak sonsuz iyiliğin ne olacağını natal charttan okumaya çalışalım:
Peki şimdi kişi yaşlı kadını bulunca ona nasıl bir Sonsuz İyilik yapacak? Eğer natal chart sahibi kişi şifacılık teknikleri uygulamayı bilen biri ise; mutlaka yaşlı kadının ayaklarına süresiz bir şekilde şifa seansları yapmalıdır. Kaç yıl süreceğini ilişki belirleyecektir. Veya natal chart sahibi kişi şifacı değilse, o zaman tedavi için para ödemesi yaparak Sonsuz İyiliğini gerçekleştirmeye başlar. Ayakları hasta olan yaşlı kadını çoğunlukla, Balık burcundaki Chiron, Satürn, Pluton'dan okudum. Tüm bu ilişkileri Jüpiter yönettiği için ise iyiliğin yapılma aracının para olmasına kanaat getirdim. Jüpiter Oğlak burcunda, zaten doğru yere harcanan para anlamına da gelir. Chiron'un Yay burcundaki Neptün ile 90 derece açısı hem şifacılık ile iyiliği hem de tedavi masraflarını ödeyerek Sonsuz İyilik yapmayı desteklemektedir.

"Biz sadece yıldızların tenis toplarıyız; yıldızları memnun eden yörüngelerde ilerliyoruz."

**John Webster**

**Egzersiz
5**

## *Jayne Mansfield*

**19 Nisan 1933
9:11**

**Lower Merion
Pennsylvania
Amerika**

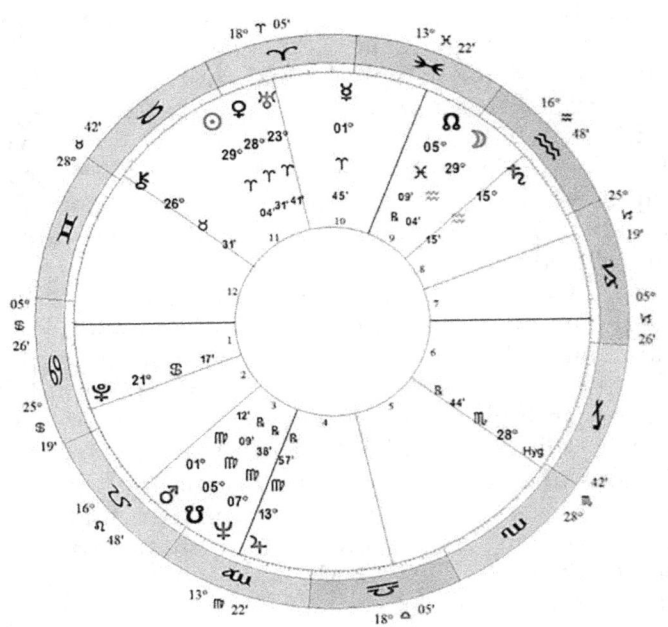

3 temel sorumuzu hatırlayalım:

1. İyilik yapılacak kişinin cinsiyeti
2. İyilik yapılacak kişinin belirgin özellikleri
3. Hangi iyiliğin yapılacağının fark edilmesi

Chiron bu natal chartta, 26 derecede, 11. Evde, Boğa burcundadır. Chiron retrograde değildir; ama retrograde ile ilgili olan 12. Evin giriş cusp'ıyla kavuşum açısı yapmaktadır. Yani oradan retrograde etkisi alarak, retrograde gibi çalışma eğilimindedir. Chiron'un yöneticisi Venüs, 11. Evde ve Koç burcundadır. Venüs, yöneticisi Mars'ın yücelim derecesi olan 28 derecede, Güneş ve Uranüs ile de kavuşum açısı yapmaktadır. Chiron'un Mars'a ve Ay'a 90 derece açısı vardır.

Chiron burada hem 11. Ev ile hem de 12. Ev ile ilgili konulardaki yaraları anlatır. 11. Ev toplum ile ilgilidir. Toplumla ilişkimizin okunduğu yerdir. 11. Ev, hayırseverlik konularının, yaşama umudunun okunduğu alandır. 12. Ev ise; gizli düşmanlıkların okunduğu alandır. 11. Evde Venüs, Güneş ve Uranüs'ün Koç burcundaki kavuşumları, kişinin topluma yenilik getirdiğini, toplumda görünür, bilinir biri olduğunu, cüretkâr, marjinal, modern, yenilikçi özellikleri ile tanındığını anlarız. Kişi gücünü buradan deneyimliyor gibi görünse de; bir de bakıyoruz ki Chiron, aynı evin çıkışındadır. Yani bu kişi kariyerini büyük bir hırs ve cüretkârlıkla yerine getirirken büyük bir güç kazanıyor. Ama öte yandan bu konularda kurban bilincini aşamazsa, en büyük yarasını da yine buradan deneyimleyecekmiş gibi algılıyorum. Kişi kurban bilincini beslerse gizli düşmanlar hayatında ona zarar vermeye başlayabilirler. O'nun büyük yarası toplumun huzurunda yapıp ettikleri olmuştur.

Özellikle Koç'taki Güneş, Venüs ve Uranüs kavuşumları; Venüs'ün 28 derecede, Güneş'in 29 derecede oluşları bana, natal chart sahibinin babasının, toplumda tanınan, adalet savaşçısı, kurtarıcısı, savunucusu gibi biri olduğu izlenimini vermektedir. Babası bir adalet savaşçısıdır diyebilirim. Hatta daha da ileri gidip yine bu bilgiler ışığında natal chart sahibinin babasını erken yaşta makinalarla ilgili bir kazada özellikle de belki trafik kazasında kaybetmiş olabileceğini düşünebilirim. Bunu bana Koç burcunda Uranüs ve Mars'ın yücelim derecesindeki 28 derece Venüs'ün kavuşumları ile tüm bu kaza göstergeleri ile kavuşan Güneş'in 29 derecede oluşu anlatıyor diyebilirim. Ve natal chart sahibinin yarasını anlatan Chiron'un yöneticisi Venüs, tüm bu konuların tam ortasındadır. Yani babasının ölümü de büyük iz bırakmıştır denebilir. Yarası, O'nun baba sevgisi ve şefkatinden yoksunluğunu da anlatıyor olabilir. Bu yüzden kişi erkeklerle sayıca normalin biraz üstünde ilişki deneyimlemiş olabilir. Burada çok fazla aşk ilişkisinden bahsetmek mümkün hale geliyor.

Demek ki kişinin Sonsuz İyiliğini bulmak ve onun bu iyiliği hayatında uygulamaya başlaması hem aşk ilişkilerini hem de toplumla olan ilişkilerini iyileştirecektir. Ayrıca gizli düşmanlıkların ona verdiği zararı kontrol edebilir hale gelebilecektir.

1-İyilik yapılacak kişinin önce cinsiyetini bulalım:

Chiron dişi burç olan Boğa'dadır. Bu bir kız çocuğunu işaret eder. Öte yandan Chiron'un yöneticisi Venüs 28 derecede Koç burcunda Güneş ve Uranüs ile kavuşuyor. Chiron ise Mars ile 90 derece açı yapıyor. Burada Venüs fazlasıyla eril etki altındadır. Bu bize bir oğlan çocuğunu işaret ediyor olabilir. Bana kalırsa natal chart sahibi hem kız hem de erkek kişilere Sonsuz İyilik yapmalıdır.

2- İyilik yapılacak kişinin belirgin özelliklerini bulmaya çalışalım:

Biliyorsunuz Koç burcu 0-1.5 yaş arasını, Boğa burcu da 1.5-3 yaş arasını işaret eder. Eğer Sonsuz İyiliği bir kız çocuğuna yapacaksa; babası hayatta olmayan 1.5-3 yaş arasındaki bir kız çocuğu olması gerekir.

Eğer Sonsuz İyiliği bir oğlan çocuğuna yapacaksa; yine babası hayatta olmayan bir 0-1.5 yaş arasındaki bir oğlan çocuğu olması gerekir.

Yukarıdaki 2 çocuğun, Chiron 12. Evin girişi ile kavuşum açısı yaptığı için yetimhanelerde, bakımevlerinde bakılan çocuklar olması da muhtemeldir.

3- Son olarak yapılacak sonsuz iyiliğin ne olacağını natal charttan okumaya çalışalım:

Boğa burcu da Koç burcu da insan bedeni ile ilgili burçlar oldukları için bedenin gelişimine, bakımına yönelik Sonsuz İyilik oldukça verimli olabilir. Özellikle Boğa burcu yemek yemek ile ilgili olduğu için kişi, bebeklerin beslenmelerini sağlamalıdır. Boğa burcu bebek maması olarak da yorumlanabilir.

Hatta burada size ilginç bir fikir verebilirim. Astroloji'de çift burç, birden fazla konuya işaret eder. Kova burcu çift burçtur ve yetimliği, öksüzlüğü, öteki olmayı anlatabilen bir burçtur. Ay, anne, meme, beslenme ihtiyacı demektir. Bu natalde Ay 29 derecede Kova burcundadır.

Kişi söz konusu bebeklere bakıcı annelik hatta süt anneliği yapabilir. Ay ve Chiron 90 derece açısı bunu destekler niteliktedir.

*"Astroloji, insanın dünyadaki kafa karıştırıcı ve aşikar kaosun arkasında veya içinde olan gizli düzeni bulmak için yaptığı ilk araştırma girişimlerinden biridir."*

**Karen Hamaker-Zondag**

Egzersiz
6

*Ann Boleyn*

15 Mayıs 1507
11:30

Londra
İngiltere

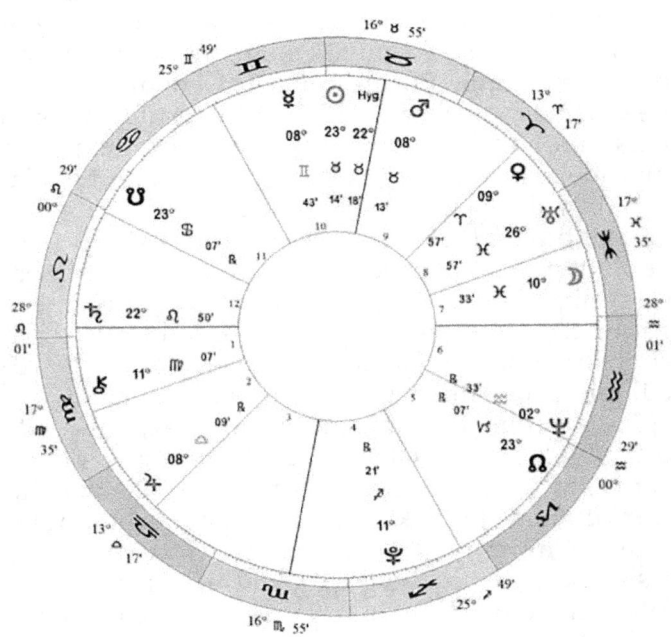

3 temel sorumuzu hatırlayalım:

1. İyilik yapılacak kişinin cinsiyeti
2. İyilik yapılacak kişinin belirgin özellikleri
3. Hangi iyiliğin yapılacağının fark edilmesi

Bu natal chartta Chiron 1. Evde, Başak burcunda, 11 derecede ve düz harekettedir. Chiron burada natal charttaki büyük kare açının bir ucunu oluşturmaktadır. Bu kişinin ömrü boyunca mücadele içinde olacağının bir göstergesidir. Kişinin karşısına birçok engel çıkacak ve hepsini ciddi bir mücadele ile aşabildiği sürece, toplumlara mal olacak büyük başarılar elde edebilecek demektir. Çünkü büyük karenin köşeleri Chiron, Merkür, Ay ve Pluton'dur. Mücadele edilerek elde edilecek başarı eninde sonunda, kolektifin krizlerini çözmeye yarayacak büyük bir 'değer' dönüşecektir. Kişi, kişisel krizlerini her aştığında bu sadece onun çözülmüş problemi değil, toplumdaki kitlelerin çözülmüş problemi anlamına gelebilecektir. Burada çok büyük bir güç yatmaktadır. Chiron'u bu büyük kare açı içinde değerlendirmek en önemlisidir. Çünkü nihayetinde kişi kendi krizine mahkumdur. Çünkü Chiron ve Pluton 90 derece açısı vardır. Bu kişisel kriz onun duygu dünyasını sarsmakta ve nihayetinde bu da kişinin kariyerinde belirsizliklere, istikrarsızlıklara, korkulara yol açmaktadır.

Tüm bunların verdiği acının, talihsizliğin en aza inebilmesi için neler yapılabilir? Kişi kendini bu kare açı kalıbı içinde sıkışmış ve kurban gibi hissediyor olabilir. Bundan kurtulması için neler yapılabilir? Elbette cevabım, 'bu soruyu Chiron'a soralım' olacaktır. Chiron ise; bana şu cevabı veriyor, 'Mars ile olan ilişkime bak. O beni anlıyor. O'nunla ilişkim oldukça iyi. Ve birbirimize enerjimizi kolayca aktarabiliyoruz. Beni Mars ile kurduğum ilişkimde bul'. Bende öyle yapıyorum. Chiron ve Mars 120 derece açı yapmaktadırlar. Natal chartta Mars 9. Evde 8 derecede Boğa burcundadır. Mars 8 derecede Boğa burcunda azimine yani kritik bir derecededir. Bu Mars'ı güçten düşüren bir derecedir. Mars zaten Boğa burcunda kendisi gibi değildir. Bir de Boğa'nın 8. derecesinde oluşu karşımızda kendisi gibi olabilen, güçlü bir Mars olmadığını gösterir. 9. Evde oluşu kısmen olumlu bir ev yerleşimi gibi dursa da Mars, bildiğimiz Mars değildir. Bu ilişkide aslında yaralı olan Mars, Chiron'dan güç almaktadır. Mars, Chiron'dan hizmet ederek var olabilme, kendini bu yolla tanımlayabilme bilincini, gücünü almaktadır. Kişi bu ilişkiden, kare açı kalıbının meydana getirdiği içsel gerilimini, huzursuzluğunu aşk, müzik, sanat, felsefe, ilginç fikirler, kitaplar ile aşmaktadır. Meğerse Chiron, Mars ile olan 120 derecelik ilişkisindeki bu enerjiyi, kişinin kare açı kalıbının gerilimiyle baş edebilmesi için kullandırtıyormuş. Evet konu ilk önce aşk ve müzik ile rahatlayabilmekmiş.

Hangi burç ve derecede olursa olsun, birinin 1. Evinde ne zaman Chiron görsem, o kişinin kendini ifade ederken zorlandığını, yanlış anlaşılmaya çok açık biri olduğunu, kendini ortaya canının istediği gibi tek seferde başarılı bir şekilde koyamadığını görürüm. Bu durum hep dikkatimi çekmiştir. Kendini tam olarak ifade edemeyen, yanlış anlaşılmaya müsait birinin (1. Ev Chiron), iletişimdeki yetersizliği, söylendiğinde sonuçlarının nelere yol açacağı pek kestirilemeyen sözcüklerinin, kariyerinde olumsuzluklara yol açması (Merkür İkizler burcunda, 8 derecede ve 10 evde. Chiron ve Merkür 90 derece açı yapmaktadırlar). Bu durumun ortaya çıkmasıyla duygu dünyasında çalkalanmalar ve sapma sapan olayların anneliğinde, evlilik ve ortaklık ilişkilerinde, danışmanlarıyla olan ilişkilerinde baş göstermesi (Ay, 7. Evde, 10 derecede ve Chiron ile 180 derecede açık düşmanlık ilişkisi içerisinde). Ve tüm bu olanların nihayetinde inanç konuları başta olmak üzere, farklı kültürlerde, coğrafyalarda krize yol açabilecek duruma gelmesi, dini inanç ile alakalı krizlerin baş göstermesi vb. mümkün hale geliyor (Pluton, 4. Evde, 11 derecede Yay burcunda ve Chiron 90 derece açı yapmaktadırlar). Tüm bu enerji tekrardan dolaşıp Chiron'a bu kare açılar üzerinden aktarılıyor ve kişi daima bu konular ekseninde kurban pozisyonunda debelenip duruyor. Oysa bu döngüden çıkmak veya etkisini en aza indirmek mümkündür. Chiron her şeyden önce kişiye aşkı ve müziği işaret ediyor. Tüm bunları bilerek şimdi kişinin bu döngüdeki negatif enerji akışındaki kurban rolünden nasıl sıyrılacağını ve 4. Evdeki Pluton ile Chiron'un enerjisini dost enerjiye nasıl çevirebileceğimizi konuşalım. Böylece bu kişiyi kökleri artık sabote etmeyecek, bu düşmanlık enerjisi dost enerjiye dönüştürülecektir. Kişinin kendisiyle, kökleriyle, kariyeriyle ve evliliğiyle barışması gerekmektedir.

1- İyilik yapılacak kişinin önce cinsiyetini bulalım:

Chiron, dişi burç olan Başak burcundadır. Bu bir kadını işaret eder. Chiron'un yöneticisi Merkür, eril bir burç olan İkizler burcundadır. Bu da bir erkek çocuğunu işaret eder. Bu iki cinsiyetten kişiye de ömrünce Sonsuz İyilik yapabilir.

2- İyilik yapılacak kişinin belirgin özelliklerini bulmaya çalışalım:

Natal chart sahibi eğer genç bir kıza iyilik yapmak istiyorsa; Başak burcu 18 ve 25 yaş arasını işaret eden bir burçtur. Yani bu yaş aralığından bir genç kıza Sonsuz İyilik yapabilir. Chiron, 7. Evde balık burcundaki Ay ile 180 derece açı yaptığından, belki de bu genç kız, yaşça kendisinden epey büyük birisiyle evlenmiş olabilir. Veya yaşça kendisinden büyük olan eşinden boşanmış bir genç kız olabilir. Bedenindeki sıvılarla ilgili bir problemi olabilir. Ayak sağlığı bozuk olan bir genç kız da olabilir.

Chiron, 8. Evdeki Venüs ile 150 derecelik bir açı yapıyor. Yani Sonsuz İyilik yapılacak yoksul genç kız, anne ve babası ya evlenmeden onu doğurmuş olmalı ya da babası tarafından terk edilmiş olmalıdır. Veya kendisi evlenmeden hamile kalmış ve partneri tarafından hem kendisi hem de bebeği terk edilmiş bir genç kız olmalıdır.

Natal chart sahibi eğer bir erkek çocuğuna iyilik yapmak istiyorsa; İkizler burcu 3-6 yaş arasını anlattığı için, bu yaş grubundan bir erkek çocuğuna iyilik yapmalıdır. Bu erkek çocuğun annesi ve babası hayatta ve yoksul insanlar olmalıdırlar. Çocuğun annesi, babası hem çalışıp hem de oğullarına bakmak konusunda büyük maddi sıkıntılar yaşıyor olabilirler. Büyük kare açı kalıbı, Merkür bakış açısıyla, böyle bir krizi anlatıyor olabilir.

Ayrıca Chiron'un yöneticisi Merkür, 8. Evdeki Venüs'e 60 derecelik açı yapmaktadır. Yani bu küçük erkek çocuğu anne ve babası evlenmeden doğmuş ve çeşitli sebeplerden dolayı babasız büyüyen bir çocuk olursa çok daha uygun olur.

3- Son olarak yapılacak sonsuz iyiliğin ne olacağını natal charttan okumaya çalışalım:

Genç kız için şunlar yapılabilir. Hapishanede bulunan bir genç kıza maddi destek sunulabilir. Hastanede yeni doğum yapmış yoksul, lohusa bir kadına maddi destek olunabilir. Çeşitli sebeplerle kaçarak kadın sığınma evi vb. yerde bakım alan doğum yapmış bir genç kadına maddi destek olunabilir.

Erkek çocuk için şunlar yapılabilir. Bu çocuğa kırtasiye malzemeleri, zekâ geliştirici oyuncaklar alınabilir. Kısa süreli seyahatler yaparak oyun alanlarında kaliteli vakit geçirmesini sağlanabilir. Ona okuma yazma öğretmek veya bu sürece maddi katkıda bulunmak olabilir. Annesi yoksul olan bu çocuğun, annesi gün boyunca işteyken, çocuğun bir bakımevine, kreşe verilmesi ile ilgili bütün ödemeleri yapmak Sonsuz İyilik olabilir.

*"Astroloji ve el falı iyi şeylerdir; çünkü insanları canlı ve olasılıklara açık tutar. Eşitlikçi ideolojinin ulaştığı en üst noktadadır. Çünkü hepimizin bir doğum günü ve neredeyse herkesin avuç içi vardır."*

**Kurt Vonnegut**

Egzersiz
7

*Hallâc-ı Mansûr*

**26 Mart 858**
**11:30**

**Şiraz**
**İran**

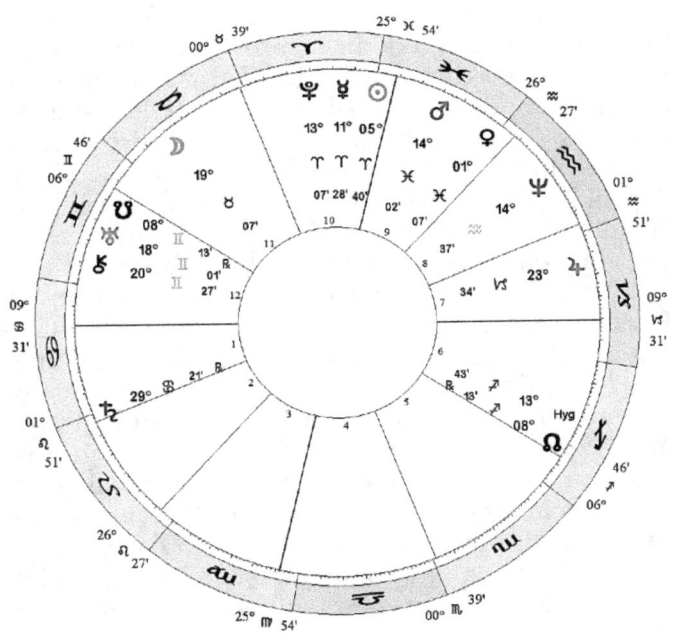

95

3 temel sorumuzu hatırlayalım:

1. İyilik yapılacak kişinin cinsiyeti
2. İyilik yapılacak kişinin belirgin özellikleri
3. Hangi iyiliğin yapılacağının fark edilmesi

Chiron bu natal chartta, 12. Evde, İkizler burcunda, 20 derecededir. Chiron natal chartın güney küresi ile direkt ilişki içindedir. Chiron natal chartta; Uranüs ile kavuşuyor, Neptün ile 120 derece, Mars ile 90 derecelik açı yapıyor. Chiron'un bu ilişkilerinde özellikle dikkatimi çekenler ise şöyle; öncelikle Chiron Satürn'ün yücelim derecesi olan 20 derecede, Neptün bildiğiniz gibi 12. Burcu ve 12. Evi yöneten bir gezegendir ve Chiron bu evde.

İkizler 'deki Chiron'u yöneten Merkür; 10. Evde, Koç burcunda, Mars yönetimindedir. Chiron'un Mars ile açısını hatırlayınız. Merkür; Güneş ve Pluton ile kavuşurken, Neptün ile de 60 derece açı yapıyor. Chiron'un Neptün ile açısını hatırlayınız. Natal chartın güney küresindeki bu yoğun ve iç içe geçmiş Chiron enerji hattını iyi okumak gerekir. Bu enerji hattı 8., 9., 10., 11. ve 12. Evler arasındadır. Chiron bu evlerin anlattığı konularda kişiye kendini kurban pozisyonuna düşüyormuş gibi algılatabilir. Kişi bunu yoğun bir şekilde hissediyor olabilir. Ama bizler biliyoruz ki en büyük acı, en büyük şansa evrilmekten başka bir şey bilmez. Yeter ki doğru konu üzerine düşünmeye başlayalım. Çünkü enerji düşünceyi takip eder. Eğer natal chart sahibi kişi Sonsuz İyilik üzerine düşünmeye başlarsa, kişinin kurban bilincini besleyen Chiron'un gölgesi, bu kez ona dost olacak ve onu hayatta destekleyecektir. Sonsuz İyiliğin bana göre, oluşmasına sebep olduğu en güzel değer, kişiye düşman bir enerjinin dosta dönüşmesine sebep olmasıdır.

Böylece barışa hizmet etmesidir. Astroloğun Sonsuz İyilik Chiron yaklaşımının, içimizdeki yardımseveri uyandırıp, büyütüp, olgunlaştırıp; hayatın paylaştıkça, yardımlaştıkça güzelleşebileceğini anlatan bir gücü vardır. Bu natal chart sahibinin doğuştan sahip olduğu güçlü bir yeteneği vardır. Ve bu yeteneği aslında onun en büyük yarasıdır. Yarası onun hem acısının kaynağı hem de enerjisini dönüştürebilirse en büyük şansıdır. Bu kişi topluma ilham vererek, ilahi bir kanal ile yeryüzünü çok güçlü bir hat ile buluşturmak görevi için doğmuş olabilir. MC Balık, yöneticisi Neptün 8. Evde Kova'da, Chiron ile 120 derece açısı var, 10. Evin ikinci burcu Koç ve Güneş, Merkür, Pluton burada kavuşumdalar. Buradaki vurgunun tüm natal chartla ilişkisini okuyabiliyor musunuz? Kişinin, dünyaya yeni fikirlerin insiye olmasına aracılık ettiğini, toplumun krizlerinin mücadeleler ile dönüşmesini sağlayacak olan bu bilgilerin ışığını doğuştan getirdiğini görüyorsunuz değil mi? Natal chart sahibi bizlere manevi yaşam ile ilgili yeni fikirler, yeni bakış açıları öğreten biridir. Onun kurban pozisyonuna düştüğü yerde tam olarak bu konulardır.

 Bu natal chart sahibi için şunu problem olarak görüyorum. Mutlaka manevi dünya ile maddi dünya arasında denge kurabilmelidir. Daha sağlıklı bir hayat yaşaması için bu dengeye her zaman ihtiyacı vardır. Sonsuz İyilik davranışı ona dengelenme konusunda ciddi kolaylık sağlayacaktır. Ve böylece gizli düşmanları tarafından bu kez alabildiğine destek görmeye başlayacaktır. Çünkü bu kişinin yaşamında gizli düşmanları fazlası ile aktiftirler. Bunu Chiron'un, 12. Evde, İkizler'de, Uranüs ile kavuşumu ile açığa çıkan enerjiyi, natal chartın güney küredeki ilişkilerine aktarış şekline bakarak anlamak kolaylaşıyor.

1-İyilik yapılacak kişinin önce cinsiyetini bulalım:

Chiron, eril burç olan İkizler burcundadır. Bu bize bir oğlan çocuğunu anlatır. Chiron'un yöneticisi Merkür, en eril burç olan Koç burcundadır. Bu da bize bir oğlan çocuğunu anlatır.

2- İyilik yapılacak kişinin belirgin özelliklerini bulmaya çalışalım:

İkizler burcu astrolojide, 3-6 yaş arasını anlatırken; Koç burcu 0-1.5 yaş arasını anlatır. Demek ki natal chart sahibi kişi 0-6 yaş arasındaki oğlan çocuklarına Sonsuz İyilik yapmalıdır.

0-1.5 yaş arasındaki bir oğlan çocuğuna iyilik yapacaksa, bu çocuğun ailesinin göçmen, yoksul bir aile olmasına dikkat etmelidir. Çünkü nihayetinde Uranüs'ü Chiron'un yöneticisi Merkür yönetmektedir.

3-6 yaş arasındaki bir oğlan çocuğuna iyilik yapacaksa, bu çocuğun yine göçmen; ama bu kez ailesinden ayrı, bakımevinde ya da yetimhanede bakılan bir oğlan çocuğu olması daha doğruymuş gibi görünüyor.

3- Son olarak yapılacak sonsuz iyiliğin ne olacağını natal charttan okumaya çalışalım:

0-1.5 yaş arasındaki bir oğlan bebeğe yapacağı Sonsuz İyilik, çocuğun hayatta kalmasını sağlayacak bütün bakım ihtiyaçlarını finanse etmesi olabilir. Yani oğlan çocuğunun hayatta tutulması çok önemlidir. 'Bebeğin tıpkı babasıymışsın gibi duyarlı ol ve o şekilde bebeğin ihtiyaçlarını karşıla' derim. Size ilham vermek için bir bilgi daha paylaşayım. Mesela Merkür Koç'un 0. derecesinde olsaydı, 'vücudunun kafa bölgesinde (burnu hariç) sağlık problemi yaşayan bir oğlan çocuğunun hayatta kalabilmesi için maddi destek ver' diyecektim. Çünkü Koç'un 0 (sıfır) derecesi kişinin kafa bölgesi ile ilgili problemler yaşayacağını anlatabilirdi. Koç burcunun 0. derecesi kritik bir derecedir, o bölgede zayıflık işaretidir ve dikkat edilmelidir.

3-6 yaş arasındaki bir oğlan çocuğuna yapacağı Sonsuz İyilik, bu çocuğu evlat edinmek olacaktır derim. Natal chart sahibi 3-6 yaş arasındaki bir oğlan çocuğunu evlat edinirse, bu onun yarasını şansa dönüştürmek için yeterince güçlü bir enerji dönüşümü sağlayacaktır. Hatta Chiron çift burç olan İkizler burcunda olduğu için kişi, iki oğlan çocuğunu evlat edinebilir. Onlara ebeveynlik yapabilir.

*"Astroloji yerçekimi gibidir. İşlevini yerine getirmesi ona inanmanıza bağlı değildir."*

**Zolar**

Egzersiz
8

# William Blake

28 Kasım 1757
19:45

Londra
İngiltere

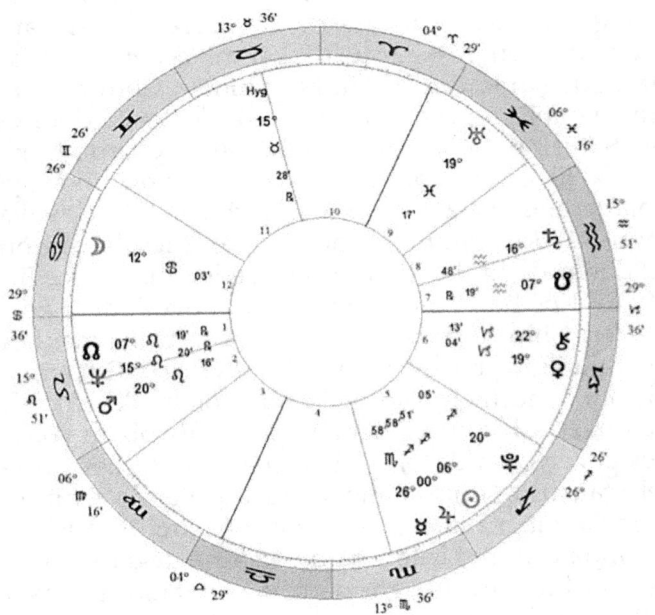

3 temel sorumuzu hatırlayalım:

1. İyilik yapılacak kişinin cinsiyeti
2. İyilik yapılacak kişinin belirgin özellikleri
3. Hangi iyiliğin yapılacağının fark edilmesi

Bu natal chartta Chiron, 6. evde düz harekette, 22 derecede Oğlak burcundadır. Venüs ile kavuşum açısı, Mars ile de 150 derece açısı yapmaktadır. Bu ilişkilerde dikkatimi çeken kısımlar özellikle şunlardır. Oğlak burcundaki Chiron'u Satürn yönetiyor. Aslan burcundaki Mars 20 derecede, Satürn'ün yücelim derecesinde ve Chiron Mars ile 150'lik açısı yapıyor. Bu çok ilginç bir hikâyeyi anlatır. 6. Ev ve 2. Ev konuları birbirini bilerek veya bilmeyerek görmüyor, yok sayıyor. Mesela Chiron 22 derecededir, bu 10. Evi işaret eden bir derecedir. 10. Ev Koç burcu ve yöneticisi Mars ve Mars'ı görmeyen Chiron. Burada kariyer ve para kaynakları ile ilgili ilginç bir hikâye vardır. Ayrıca 2. Ev daima kişinin kendine biçtiği değeri de anlatmaktadır. Ve bu değeri Chiron görmemektedir. 6. Ev bizim yönetici pozisyonunda olup, insanlara direktifler vererek çalıştırdığımız alandır. Ve bu alanda Chiron, para kaynağı olan 2. Evi görmemektedir. Kişinin yanında çalışan kişiler onun değerine değer katmak yerine, bu durumu görmemeyi, duyarsız kalmayı biliyorlar. Yanında çalışanlar onun değerini anlamıyorlar.

Bu natal chartta 6. ve 12. Evler eksenine bakarsak, rüyalarında, meditasyonlarında kehanette bulunabileceği olaylar görebilecek birine bakıyor olabiliriz. Ayrıca bu durumu destekleyen, 9. Evde, Güneş'in yücelim derecesi olan 19 derecede Uranüs'ü Balık burcunda görmekteyiz. Karşımızda evrensel konular üzerine felsefe yapabilen ve bunu şiirler yazarak, sanat aracılığı ile bize yansıtabilen biri var diyebiliriz. O, marjinal fikirleri, rüyalar ve durugörülerle aldığı bilgileri, şiiri ve sanatı (Balık burcu, Neptün) aracı olarak kullanıp bize aktarıyor olabilir. Zaten natal chartın geneline bakınca, deli-dahi birine baktığımız çok açık değil mi? O halde Chiron'un natal chartta kurduğu ilişki ağına bakarsam, kişinin dehasının onun yarası olduğunu söylemem kolaylaşır. O, durugörü ve haberci rüyalar görebilen biridir. Ve bu durum onun beden ve ruh sağlığını olumsuz etkiliyor olabilir. Bu durum kişinin kariyer hayatındaki istikrarlı ilerleyişini de olumsuz etkiliyor olabilir. Chiron'un kavuşum açısı yaptığı Oğlak'taki Venüs'ün (kalıcı, yaratıcı sanatın) Ay (halk) ile 180 derece açısı, kişinin sanatsal üretimlerinin halk tarafından tuhaf, anlaşılmaz, kabul edilmekte zorlanılan etkileri anlatıyor olabilir. Kişi halk tarafından dışlanmışlık hissine kapılıyor olabilir. Bunlar bir insan için deli-deha dahi olsa çok önemli ve acı veren konulardır. Kişi kendini kurban gibi hissediyor olabilir.

Natal chart sahibi, gizli düşmanlarının onu sabote eden, dışlayan enerjisini Sonsuz İyilik ile dönüştürüp, gizli düşmanlarının kendisine saygı duymasına yol açabilir. Bu sayede gizli düşmanlarını kendisini destekleyen dostlara çevirmeyi başarabilir.

1- İyilik yapılacak kişinin önce cinsiyetini bulalım:

Chiron dişi burç olan Oğlak'ta ve Venüs ise kavuşuyor. Bu bir dişilik vurgusudur. Natal chart sahibi öncelikle kadınlara Sonsuz İyilik yapacaktır. Ayrıca Chiron'u Satürn yönettiği için ve Satürn de eril burç olan Kova'da olduğu için bazen de erkek kişilere Sonsuz İyilik yapması gerekebilir. Ama önceliğimiz kadınlardır.

2- İyilik yapılacak kişinin belirgin özelliklerini bulmaya çalışalım:

Kişinin Sonsuz İyilik yapacağı kadın hakkında hem Chiron'un Oğlak burcunda oluşu hem de 19 derece Venüs ile kavuşumuyla temsil edildiği için burada dikkatimi çeken çok kıymetli bir bilgi vardır. Venüs 19 derecededir. 19 derece Güneş'in yani 'babanın' yücelim derecesidir. Belki yardım edilecek kadının kendisi yetimhanede olan veya olmayan bakıma muhtaç çocuklara, sadece annelik değil, babalık da yapmış olan biri olmalıdır. Çünkü 19 derecede Oğlak'taki Venüs, Venüs'ün yani genç kadının annelik yapışına yani Ay'a 180 derece açı yapmaktadır. Ay, Yengeç'te anneliği anlatır. Demek ki biz genç kızlığında başkalarının bakıma muhtaç çocuklarına hem annelik hem de babalık yapmış bir kadın arıyoruz. Bu kadınlar genelde yetimhaneler ve bunun gibi çocuk bakımıyla ilgilenen yerlerdeki emekli veya halen çalışan kadınları işaret ediyor olabilir. Kısacası ben yetim ve öksüz büyütmüş yaşlı bir kadına Sonsuz İyilik yapılmasını öneriyorum. Peki bu kadın kaç yaş aralığında olmalıdır? Astrolojide Oğlak burcu 56-68 yaş aralığını işaret eder. Demek ki natal chart sahibi 56-68 yaş arasında yukarıdaki özelliklere sahip kadınlara Sonsuz İyilik yapacaktır.

Eğer erkek kişilere iyilik yapmak isterse; bu erkek 68-80 yaş arasında, kalp hastası bir olgun erkeği işaret ediyor olabilir. Çünkü Kova burcundaki Satürn, Aslan burcundaki Mars ve Neptün ile 180 derece açı yapmaktadır.

3- Son olarak yapılacak sonsuz iyiliğin ne olacağını natal charttan okumaya çalışalım:

Yaşı olgun kadına yapılacak Sonsuz İyilik; onun barınma masraflarını üstlenmek veya masrafların bir kısmına katkı sunmak olabilir. Yani kadın-

ların kendilerine ev satın almalarına veya ev kiralarını ödemelerine yardımcı olabilir.
Chiron 6. Evde olduğu için bu özelliklere sahip kadınları eğer varsa kendi işyerinde istihdam edebilir. Veya Chiron 6. Evde olduğu için 12. Eve bir atıf yaparsak, bakımevinde yaşayan 56-68 yaş arasındaki kadınların bakımevinde kalmalarını sağlamak için barınma masraflarını karşılayabilir.

Yaşı 68-80 arasındaki erkeklere; Satürn ve Neptün 180 açısından ilham alarak onlara psikolojik destek sunabilir. Veya o kişilerin psikoterapist, psikolog, enerjist, şifacı vb. danışmanlık hizmetleri almaları için maddi destek sunabilir.

*"Astroloji, daha kozmik bir dünya görüşüne açılan bir kapıya benzer."*

**Ruby Warrington**

**Egzersiz
9**

# Edgar Allen Poe

**19 Ocak 1809
01:00
Boston
Amerika**

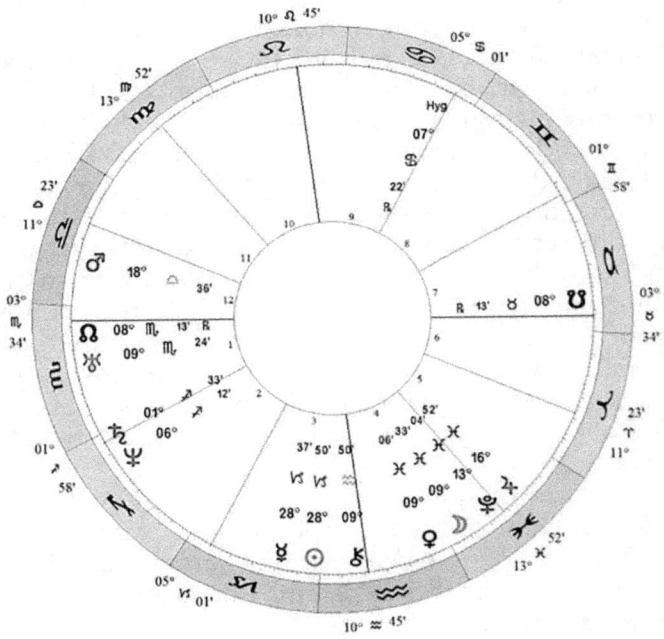

3 temel sorumuzu hatırlayalım:

1. İyilik yapılacak kişinin cinsiyeti
2. İyilik yapılacak kişinin belirgin özellikleri
3. Hangi iyiliğin yapılacağının fark edilmesi

Chiron bu natal chartta 3. Evde, Kova burcunda, 9 derecededir. Aynı zamanda 4. Evi de etkilemektedir. Çünkü 4. Köşe ev ile kavuşum açısı yapmaktadır. Bu ciddi bir vurgudur. Çünkü Chiron'un anlattığı konular, kişinin hayatında belirgin bir şekilde gerçekleşme olasılığı yüksek konular olacaklardır. Bu da kişinin belki uzun yıllar ailesi ve çocukluğu konusunda kendisini kurban edilmiş gibi hissetmesine yol açabilir. Yani kişinin hem çocukluğu hem tüm iletişim becerileri Chiron'un Sonsuz İyiliğinin yol açacağı büyük dönüşüme ihtiyaç duymaktadır. Natal chartın bu kısmından hem kendisini doğuran ailesi hem de çocukluğu hakkında bir dizi talihsizlik deneyimleri okunabilir. Kişinin yarası aynı zamanda soyundan devraldığı yaradır.

Chiron'nun natalde kurduğu ilişkilere baktığım zaman, büyük bir şaşkınlık yaşıyorum. Niçin mi? Chiron, Venüs, Ay ve Uranüs arasındaki ilişkiye yakından bakınca hepsinin, 9 derece olduklarını göreceksiniz. Bu inanılmaz bir hizalanmadır. Chiron'nun natal charttaki ilişkilerinde, 9 rakamı üzerinden etkileyici bir eşzamanlılık (senkronizasyon) vardır. Chiron, Ay ışığı ve Venüs, Uranüs tam derecelerde açı yapmaktadırlar. Bu kısmı çok iyi algılamalı ve dikkatle okumayı başarmalıyız. Özellikle bir astrolog, Chiron'un; Venüs, Ay ve Uranüs ile olan ilişkisinde, açığa nasıl bir enerji çıkarsa çıksın, mutlaka 9. Evin konularına bir vurgu olacağının farkında olmalıdır.

9. Ev astrolojide mitolojik anlamıyla Tanrı'nın evidir. Burası rüyaların okunduğu yerdir. Burası felsefenin ve değerli şair Ömer Hayyam'ın şiirlerinde bahsettiği 'şarap'ın evidir. Yani dünya halinden geçip, ilahi olan boyuta geçişi anlatmaya çalıştığı ilahi aşk halinin okunduğu evdir. Burası uzakların, uzak ülkelerin, yabancı kültürlerin, konuşulan tüm dillerin, bilinen tüm ilahi dinlerin, yayımlanmış tüm kitapların, akademik anlamdaki sporun evidir. Kısacası saydığım tüm bu konuların ana vatanı 9. Evdir. Bir reenkarnasyonundan Zerdüşt Peygamberin akrabası olan ve o akrabalığı dün gibi hatırlayan sevgili Pytgoras'a göre 9 rakamı; bilinen bilinmeyen tüm sayıların özüdür. Tüm matematiğin kaynağı 9'dur demeye çalışır. Matematik; yaşamın, var olmanın, maddenin oluşumunun izahı ise; varoluşun kendini madde dünyasında ilk gösterdiği hali 9'dur. 9 Tanrı'dan ilk gelendir.

Burada görüldüğü gibi büyük bir enerji vardır. Natal charttaki bu işaret çok güçlü algılanmalıdır. Chiron Tanrı'nın madde dünyasına ilk gelen ışığını temsil ediyor. Ve Tanrı'nın evini işaret ediyor. Chiron Tanrı'nın tüm bu meydana getirici olağanüstü gücünü Venüs ile Ay ile Uranüs ile konuşabiliyor. Ve onlarda bu ilişkiden doğan enerjiyi 9. Evi işaret ederek bize bu kişinin doğuştan yanında getirdiği 'bilgeliği' anlamamızda yardımcı oluyorlar.

Natalde 4. ve 5. Evlerdeki Balık vurgusu zaten kişinin soyağacından sanat becerilerini devraldığını, doğuştan sanatçı bir ailenin içine doğduğunu ve kendisinin de tüm yaratım gücünü buradan topluma sunacağını anlatıyor. Ve kişi tam da sanat konusunda şanslıymış, güçlüymüş gibi duran bu yerde, en büyük yarasını deneyimliyor. Böyle güçlü bir aileye doğmanın verdiği, Tanrı vergisi sanatta meydana getirme gücü yanında, karanlığını da taşıyor elbette. Kişinin 4. Ev üzerinden tüm çocukluğu talihsiz bir hikâyeye dönüşüveriyor gibi duruyor. 4. Ev ebeveynlerden babanın öne çıktığı bir evdir. Kova burcunda 4. Köşe evle kavuşan Chiron bize, babası tarafından terk edilmiş biz kişiye baktığımızı anlatıyor olabilir. Kova çift burç olduğundan, kişinin iki babası dahi olmuş olabilir. Çocukluğunda babası ya da hayatında babası yerine koyduğu bir otorite figürü tarafından büyük hayal kırıklığına ve yoksulluğa sürüklenmiş, itilmiş, ötekileştirilmiş, reddedilmiş, terk edilmiş olabilir. Kişi zamanla, soyundan aldığı sanat yeteneğini kendi laneti olarak bile algılamış olabilir.

Bana kalırsa bu kişinin ruhunun huzur bulabilmesi için çocukluğunun şifalanması gerekiyor. Özellikle soyu ile barışmayı deneyimlemelidir. Ardından babası ile ilişkisini sevgi dolu bir tamamlanma ilişkisine dönüştürmesi gerekir. Bu kişide eksik olanın aslında ruhunda bir tamamlanma, bütünlenme ihtiyacı olduğunu düşünüyorum. Natal chartın geneli özellikle de 1. Evdeki Uranüs'ün 'benim burada ne işim var' diyen hali, gerçekten çok etkileyici. Tüm bu tam ve bütün hissetme enerjisini oluşturacak Sonsuz İyiliğin ne olduğunu anlamak için yine Chiron'un kapısını çalıyoruz.

1- İyilik yapılacak kişinin önce cinsiyetini bulalım:

Chiron eril enerjiye sahip Kova burcundadır ve Chiron'un yöneticisi Satürn de eril burç olan Yay burcundadır. Yani buradan Sonsuz İyilik yapması gereken kişinin erkek olduğunu anlıyorum.

2- İyilik yapılacak kişinin belirgin özelliklerini bulmaya çalışalım:

Astrolojide Kova burcu, 68-80 yaş arasındaki bir erkeği işaret ederken, Yay burcu da 45-56 yaş arasındaki bir erkeği işaret ediyor.

Sonsuz İyilik yapacağı 68-80 yaş arasındaki erkeğin belirgin özellikleri, yoksul bir göçmen olması ve Chiron 9 derecede olduğu için bu kişinin maddi olarak desteklenmeyi bekleyen bir yazar, filozof, öğretmen, din veya dil alanında çalışmış biri olması uygun olabilir.

Sonsuz İyilik yapacağı 45-56 yaş arasındaki erkeğin belirgin özellikleri; burada önceliğim, babası veya babası olarak gördüğü birinin bakımını üstlenmesi olacaktır. Çünkü Güneş Oğlak'ta ve Chiron'un yöneticisi Satürn bize, yarasını ve şifasını babası olarak zaten işaret etmektedir.

3- Son olarak yapılacak sonsuz iyiliğin ne olacağını natal charttan okumaya çalışalım:

Yardım edeceği erkek 68-80 yaş arasındaysa; bu adamın ya kaval kemiğinden ya dolaşım sisteminden ya da bileklerinden sağlık problemi yaşayan biri olması gerekir. Bu erkeğin, göçmen, evsiz, ailesinden ayrılmış biri olması muhtemeldir. Bu erkeğe barınma problemini çözmesinde destek olunabilinir.

Yardım edeceği erkek 45-56 yaş arasındaysa; oldukça çalışkan, hayatı boyunca çalışmış, yoksul ve bu yaşam mücadelesinden dolayı yakalandığı bir deri, diş veya saç hastalığı, kemikleri veya omurgasındaki hastalığı sebebiyle tedaviye ihtiyacı olan bir adam olabilir. Bu adamın hem barınma ihtiyacını hem de günlük hayatını sürdürebilmesi için ihtiyacı olan parayı verebilir.

*"Astroloji, görünmez bir ortakla satranç oynamak gibidir. Tahtayı hazırlar, kurallarda anlaşırız, bir hamle yapar ve daha sonra taşların görünmez bir el varmış gibi kendi kendine oynadığını görürüz."*

**Noel Tyl**

**Egzersiz 10**

*Chiron*

**1 Kasım 1977
09:56**

**Pasadena
California**

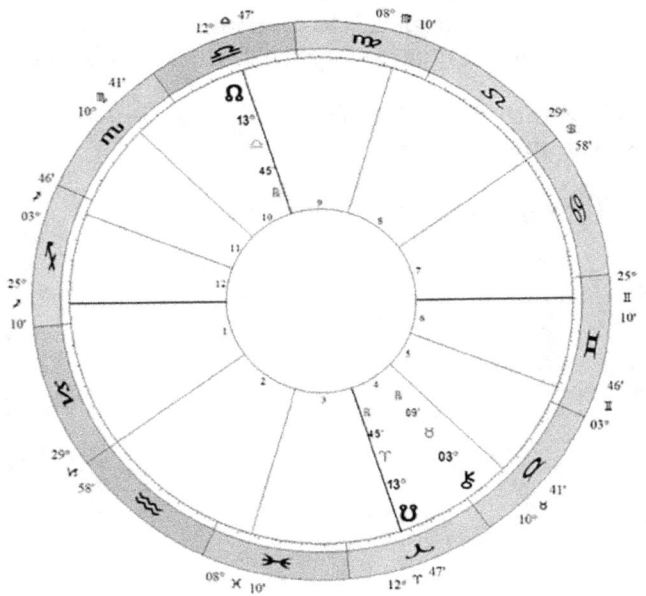

Chiron'un natal chartı üzerinde gezegenleri ve açıları elle yazıp çalışarak düşünmeniz için ekliyorum.

3 temel sorumuzu hatırlayalım:

1. İyilik yapılacak kişinin cinsiyeti
2. İyilik yapılacak kişinin belirgin özellikleri
3. Hangi iyiliğin yapılacağının fark edilmesi

Şimdi ilk sorudan başlayarak çalışmanıza başlayabilirsiniz.

**1. İyilik yapılacak kişinin cinsiyeti:**

2. İyilik yapılacak kişinin belirgin özellikleri:

**3. Hangi iyiliğin yapılacağının fark edilmesi:**

# SON SÖZ

Tüm kitabı okuduktan sonra fark etmiş olduğunuz gibi Chiron'un dünyaya bu seferki insiyasyonunun bambaşka bir amacı vardır. Öyle ki babası Satürn'ün yani zamanın sırrına vakıf olan yüce sembolün Aslan burcunun tekâmül sınavından, Başak burcunun tekâmül sınavına geçişine yardım için geldiğini artık biliyoruz. Peki bizler yukarıda 9 örnek natal chart üzerinden anlatmaya çalıştığım Chiron Sonsuz İyilik hareketine niçin katılmalıyız? Natal chartlarımızda Chiron'u bulunduğu noktadan bu yolla niçin aktive etmeliyiz?

Cevabı çok açık bir şekilde önümüzde duruyor. Biz insanlar Satürn sembolü üzerinden ezoteriklerin, hermetiklerin, simyacıların anlatmaya çalıştığı kendine özgü bir zaman alanı içinde reenkarne olabiliyoruz. Yeryüzü reenkarnasyonundan Venüs sorumlu olabilir; ama Satürn sembolündeki bir zaman alanı meydana gelmeden yeryüzü reenkarnasyonunun gerçekleşmesi mümkün değildir. Bu yüzden zaman hepimiz için eşit değere ve anlama sahiptir. Bizler zamanın içinde meydana gelebilen varlıklarız. Zamanı sembol olarak temsil eden Satürn'ün kendi tekâmül yolculuğunda değişip dönüşüyor olması demek, bizim reenkarnasyon alanımızın değişip dönüşüyor olması demektir. Yani biz iradesi ile meydana gelen güçlü varlıklar olarak zamana kendi reenkarnasyon yolculuğunda yardımcı olmak istiyoruz. Zamana müdahale etmek istiyoruz. Satürn'ün enerjisinin hayatlarımızda bize nasıl dokunduğunu hepimiz biliyoruz. Ama şu da bir gerçektir ki biz de Satürn enerjisine dokunan varlıklarız. Chiron kanalı aracılığı ile değişen zamana müdahale ediyoruz. Satürn ne kadar rahat bir geçiş yaşarsa 1977'den itibaren bu çağ için o kadar iyi olacak demektir. İnsan için zamana müdahale etmek demek, bizzat kolektif düzeyde kendi reenkarnasyon döngümüze müdahale etmek demektir.

Biliyorsunuz Satürn sosyal düzen demektir. Ve dünyada sosyal düzenin nasıl büyük bir hızla değişip dönüşmeye başladığının, zamanın nasıl hızlandığının hepiniz farkındasınız. Zamanın tek taraflı hükmünden ziyade, zamana tabi olan biz bedenlenmiş varlıkların, 'zamana' dokunma zamanı çoktan gelmiştir. Biz insanlar yeni sosyal düzenlerimizi, yeryüzünün ve gökyüzünün işbirliği ile Sonsuz İyilik'ten doğacak muhteşem olumlu enerji ile inşa etmeye geliyoruz. Gökyüzünde Satürn kendi reenkarnasyon sınavında yaşamlarımızı enerjisi ile etkilerken, bizler de yeryüzünden Satürn'ün dönüşüm sancısının enerjisini Sonsuz İyilik ile topraklamaya devam edeceğiz. Satürn bize, yaşamlarımızdaki karşılığı daha çok acı verici deneyimler olan enerjiler gönderirken, biz yeryüzü ahalisi olarak bu enerjiyi alıp Sonsuz İyiliğe dönüştürerek Satürn' e geri gönderiyoruz. Artık Satürn'e müdahale etmenin, O'na dokunmanın günü gelmiştir.

Bu kitap yüzyıllar boyunca okunacak ve geliştirilecektir. Ve ancak 300 yıl sonra Neptün Yay burcunu deneyimlerken bu kitabı niçin yazdığımı o dönemin astrologları zamanı geldiğinde anlayabileceklerdir. Lütfen bu cümlemi anlayışla karşılayınız.

Haydi ne duruyorsunuz astroloğunuza gidin, natal chartınızdaki Chiron'u aktive edin ve Satürn'ün sizin lehinize çalışması için zamana dokunun. Zamana dokunun. Sevgimle kalın.

# TEŞEKKÜRLER

Kitabımı yazarken ve yayımlanma sürecinde birbirinden değerli insanlarla yolumun kesişmesini büyük bir şans olarak kabul ediyorum. Çok şanslıyım ki kendi alanında yetkin ve başarılı, her biri insanlara birer başarı rol modeli olarak gösterilecek harika insanlarla çalıştım. Chiron Sonsuz İyilik kitabımı yazmaya başlama sürecinde, her şeyin başladığı o olağanüstü meditasyonlarımı bana öğreten değerli astrolog ISAR Başkanı ve eğitim direktörü Aleksandar Imsiragic'e, başından beri İngilizce çeviri yeteneği ile benimle yürüyen ve sizlerin okumanız için kitabımı Türkçe'den İngilizce'ye büyük bir titizlikle çeviren, değerli Mehlika Özge Esirgen'e, Chiron Sonsuz İyilik kitabımın sizlere ulaşmasında emeği eşsiz değerde olan New York City Books yayınevinin sahibi değerli yazar Melih Arat'a, hayatımı kolaylaştırmak için emek veren aileme, dostlarıma sonsuz teşekkürler ediyorum. Kısacası kitabın ortaya çıkmasında emeği geçen herkese minnettarım. Saygı ve sevgilerimi sunuyorum.

Chiron Sonsuz İyilik kitabımı, bana ilham veren büyük kâhin Edgar Cayce'ye ve kitapları ile beni eğiten değerli öğretmenim, ölümsüz Rudolf Steiner'e ithaf ediyorum.

# YAZAR HAKKINDA

## AHURA Sevgi Alis YILDIRIM

Sosyolog, araştırmacı Ahura Sevgi Alis Yıldırım AENBİ Özel Eğitim ve Danışmanlığın kurucusudur. Kısa adı AARAD olan, AENBİ Astroloji ve Reenkarnasyon Araştırmaları Derneğinin kurucu Başkanlığını yürütmektedir. Alis, 10 Ekim 1978 tarihinde, Göbeklitepe'nin bulunduğu ve eski adıyla 'Ruh'un şehri' olarak anılan (El Ruha), Peygamberler şehri olarak da bilinen Şanlıurfa'da doğmuştur. Lisans eğitimini Kocatepe üniversitesinde Sosyoloji bölümünde ve yüksek lisans eğitimini ise St. Clements University Psikoloji alanlarında yapmıştır. Koçluk, NLP ve şifacılık alanları ile yakından ilgilidir. Kâtip Çelebi üniversitesinden onaylı Aile Danışmanı olan Alis, psikoterapi alanlarında yetkin öğretim görevlisi Psikiyatristlerden yıllar süren aşağıdaki eğitimleri almıştır.

Psikoterapi Eğitimi: Psikoaktif Psikolojik Danışma Merkezi/Eğitim & Orbis Visio Education İngiltere kaynaklı Psikoterapi eğitimleri yeterliliği aşağıdaki gibidir.

~ Psikoterapi ve Psikoterapi Yaklaşımları
~ Psikodinamik Yönelimli Psikoterapi
~ DSM V Psikopatoloji Eğitimi
~ Psikoterapi seansları yapılandırılması
~ Depresif Bozukluklar ve Destekleyici Psikoterapi
~ Bilişsel Davranışçı Terapi
~ Kişilik Bozuklukları Tanı Kriterleri ve Psikoterapi Yaklaşımları
~ Psikanalitik Bakış Açısından Kişilik Bozukluklarını Anlamak
~ Duygu Durum Bozuklukları

~ Çocuklarla Terapi ve Danışmanlık
~ Ergenlerle Terapi ve Danışmanlık
~ Bağımlılık Terapisi ve Danışmanlığı
~Travma Çalışmalarında Psikolojik Uygulamalar
~ Cinsel Terapi ve Uygulamaları
~ Yas Terapisi ve Danışmanlığı
~ Transaksiyonel Analiz

Yukarıda belirtilen spesifik alanlarda eğitim ve uygulamalar yapan Alis, yıllar içerisinde bir sosyal bilim kadını olarak ölüm ve toplum arasındaki ilişkiyi araştırması gerektiğine kanaat getirir. Çünkü ne zaman insanların problemlerini çözme biçimlerine baksa daima altında bir şekilde ölüm korkusunun olduğunu fark eder. Tüm mücadele hayatta kalmak için ise; 'o halde ölüm nedir ve niçin korkuyoruz' soruları Alis'i uzun yıllar sürecek olan yerli yabancı birçok uzmandan öğreneceği eğitimlere iter.

'Özellikle ölüm ve toplum arasındaki bu sosyolojik bağ, insan doğasını kavramam adına beni öyle derinden etkiliyordu ki, sorduğum her soruda tarihin tozlu sayfaları beni daima binlerce yıl öncesine götürür. Cevaplarım bazen Rudolf Steiner'den bazen Pisagor'dan bazen Adonai tapınağındaki rahibin dilinden bana akar. Yıllarım bu alandaki araştırmalarımla böyle geçti. Bilgim birikti ve topluma bir bilim kadını olarak, ölüm ve toplum ilişkisine antik dönemlerden günümüze nasıl bakmışız, bunu anlatmaya karar verdim. İşte bu sebeple 25 Haziran 2019 yılında kurulan kısa adı AARAD olan Aenbi Astroloji ve Reenkarnasyon Araştırmaları Derneğini kurdum. Amacım, geçmişten bugüne ölüm / toplum ilişkisinde filozoflar neler demişler ve hangi inanç sistemlerinde bu konuya nasıl bakılmış bunları anlatmaktır. Çünkü yaşamak çok değerli ve de kıymetlidir. Niçin yaşadığını anlamak çok önemlidir.'

Alis'in astrolojideki yetkinliği Hermetik Astroloji yani Reenkarnasyon Astrolojisidir. Alis, Aleksandar Imsiragic'ten Hermetik Astroloji'yi öğrenmiştir.

Astrolog Ali Gufran Erkılıç ve astrolog Dr. Barış Özkırış'tan astroloji eğitimleri alarak birçok astroloji branşında yetkinleşmiştir.

İnternet televizyonu olan BEN TV'de 3 yıl tv sunuculuğu yapmıştır. BENHABER gazetesinde 3 yıl köşe yazarlığına devam etmiştir.

Reenkarnasyon araştırmaları ve astroloji alanlarında kitaplarını yazmaya ve yayımlamaya devam edecektir.

## İletişim Bilgileri

Ahura Sevgi Alis Yıldırım
e-mail: sevgialisyildirim@gmail.com
web sitesi adresi: www.aaraddernegi.com

Kısa adı AARAD olan uluslararası AENBI Astroloji ve Reenkarnasyon Araştırmaları Derneği'nin şubelerini ülkenizde, yaşadığınız şehirde kurmak isterseniz bana sevgialisyildirim@gmail.com adresinden yazabilirsiniz veya yukarıdaki iletişim bilgilerinden ulaşabilirsiniz. Sizlerle iş birliği yapmaktan onur duyarım.

Reenkarnasyonlarınızı hatırlıyor iseniz bana ulaşınız. Çünkü derneğimiz sizin hikayenizi kayıt altına alır ve bunu arşivinde saklayarak, gelecekteki reenkarnasyon araştırmaları için uzmanlara veri kaynakları oluşturur. Ayrıca hikayelerinizi kitap olarak yayımlar.

## "Chiron – Sonsuz İyilik" Hakkında Önde Gelen Astrologların Değerlendirmeleri

*'Hayat denen yolculukta karşılaştığım özel insanlardan biri Sevgi. Bugüne kadar yaptığı çalışmalarda olduğu kadar gelecekte de bütünün hayrına harikulade işler yapacağına yürekten inanıyorum. Lafı fazla uzatmadan, hepinizi bu özel insanın titizlikle hazırladığı bu kitabı okumaya davet ediyorum'.*

**Astrolog Dr. Barış Özkırış**

*'Chiron hakkında okuduğum en iyi kitap diyebilirim. Her şeyden önce son derece metodik yazılmış. Bana göre tek kelimeyle bunun adı A'dan – Z' ye Chiron. Mitolojisinden tarihçesine, işlevinden günümüzdeki yerine yok yok. Tebrikler Sevgi Alis Yıldırım.'*

**Astrolog Ali Gufran Erkılıç**

*'Sevgi, gerçekten muhteşem bir kitap yazmışsın, tebrik ederim.'*

**Aleksandar Imsiragic**
**Uluslararası Astrolojik Araştırmalar Derneği (ISAR)Başkanı**

www.ingramcontent.com/pod-product-compliance
Lightning Source LLC
Chambersburg PA
CBHW050435010526
44118CB00013B/1532